モノは好き、でも身軽に生きたい。

本多さおり

大和書房

はじめに

自分の家にある持ち物すべての重さは、一体どれほどのものでしょうか？　その実態はなかなか把握できないものです。けれども、旅に出た時はどうでしょう。スーツケースやバッグに、必要な荷物を詰め込み、それを自ら運びながら移動するものですから、嫌でもその重みは自分にのしかかります。

私が「モノは持ちすぎず、いつも身軽でありたい」と思うようになった原体験は、大学時代のタイの旅でした。それは旅好きな大人たちに連れていってもらったタイの旅。空港に集合すると、私以外皆がバックパックでした。私は大きなスーツケースでしたので、荷物と共に移動する初日と最終日はまさに足手まとい。ささっと通りを渡ってタクシーに乗り込むのにもたついたり、小さな屋台で食事をするときに邪魔になってしまったり……。この体験以降、私もバックパックを買い、「荷物は背負ってフットワークを軽く！」が旅のモットーとなりました。バックパックで旅するようになると、今度は荷物の重みを自分の肩で感じるようになるからこそ、ますます「余計な荷物は減らそう」という考えになりました。

自分で選んだモノはその持ち主の人生に良き影響を与えてくれるものであるはずですが、選択次第では私の肩にどっしりとのしかかる「お荷物」になってしまうこともあるのです。

「豊かな」モノの持ち方って？

私はモノが好きです。だから、モノを選んでいる間はわくわくします。でも、心掛けているのは「簡単には買わない」こと。

なぜなら、私は身軽に生きたいのです。

家の中が、必要最低限のモノでスッキリとまかなえている。何がどこにあるのか把握できていて、やりたいことにすぐに取り掛かれる。モノと情報のストックが整然としていて、頭の中がクリアである――。これらが、私の考える身軽な状態。

そのためには、いくらモノが好きでも、私の望みである〝身軽〟のジャマになるような持ち方をしたくない。要するに、多すぎてはいけないのです。本来モノを手に入れるのは、自分の望む生活に貢献させるためであるはずです。

時折、「物量が多い」＝「モノが豊か」＝「豊かな暮らし」と考える人がいます。けれど、例えば家の中が使ってもいないモノで溢《あふ》れていたとしたら……。スペースを圧迫し、使いたいモノを埋もれさせ、暮らすのに不自由な空間を作ってしまうでしょう。管理しきれないほど有り余ったモノが、知らず知らずのうちに自らの足かせになっていることがあります。モノに煩《わずら》わされることなく、実行したいこと、考えたいことにスッと入っていける身軽な状態こそが、本当の「豊かさ」なのではと考えるのです。

「捨てる」より大事なこと

モノが増えて家の中が雑然としてくると、考えるのは「モノを減らそう、捨てよう」ということだと思います。もちろん、それは必要。けれど、捨てることだけに重きを置くのは違うと感じます。

そもそも、その捨てる対象物は、「自分が幸せになるために」買ってきたモノでした。それを最終的には「手放さないと不幸」な存在にしてしまったことにこそ注目してほしい。永らく使っていた過去があるのならいいのですが、ろくに使いもせず手放されたモノについては多くの不幸が伴います。それを買ったお金がムダだった、家の中のスペースを何年も占めていた、ほかのモノを取りづらくして働きをジャマしていた……。振り返ると結局、自分と家族に与えていたのは負担だけなのです。

いったい何が悪かったのでしょう。使おうと思っていたのに存在を忘れたうかつさ？　使いきれなかった自分の能力の問題？　いいえ、違うと思います。買う時に、それが「自分の暮らしに本当に必要なモノ」かどうかを見極めなかったのがすべての原因。本当に活用される「働きモノ」を選ぶためには、とことん検討する必要があります。「いらない」の判断は簡単にしても、「いる」「ほしい」と思った時はとにかく慎重に。ろくに使わず捨てられる可能性のあるものを、家に連れ帰ってはいけません。

本多家の働きモノ　超1軍の愛用品たち

現在のカバンの中身。“カスタマイズしやすいもの”を追求した結果出会った手帳、信頼できるリネンメーカーのハンカチなど、愛すべき日常の相棒たちです。持ち物は少なく身軽に、を目指して日々改善中。

キッチンに吊るされたフライパンやスタンドに立てられたツールたち。コンロの上のストウブなど、出しっぱなし収納にしているモノは使用頻度が高いモノ。じっくりと選んだこれらのキッチン用品は、機能美があって見ていても嬉しくなります。とはいえ、出しっぱなしの一番の目的はワンアクションでパッと取って使いたいため。

衝動買いのかわし方

例えば、服を買うために出かけたとします。でもなかなか、目当てのものはありません。そんな時、1枚の「まあまあ可愛いかな」という服が目に入ったら。脚は疲れたし、帰る時間も迫ってきました。値段はお手頃です。どうしますか？

　おそらく、買ってしまう人が多いのではないでしょうか。その服が本当に使える一枚となればいいのですが、あまり検討もせず買ったモノが働きモノになる確率は高くありません。「可愛い」「安い」「手ぶらで帰るのはいや」という理由だけで買うモノは、モノにではなく、自らの「欲」に負けています。ちょっとでもほしいと思ったものは、買わないことより買う方が心はラク。でも、その結果待ち受けている未来は、たいして愛着をもてないモノで溢れた生活です。それは、やめたい。

　とはいえ、買い物に来たのに手ぶらで帰るのは、物足りませんよね。そんな時私は、デパ地下へと足を向けて美味しいあんぱんを買います。これで余計な買い物はせず、家では美味しいあんぱんに癒され、「出かけて買い物をした」充実感も得ているのでした。

「今、自分は安直な買い物をしているな」と感じたら（感じるかどうか自分の胸に聞いてみる必要があります）、ひとまずは買わずに店を出てみましょう。冷静になってからでもほしければ、戻ればいいのです。でもきっと、たいていの場合は「買わなくてよかった」とホッとしたり、そのモノの存在すら忘れることがほとんどなのではないでしょうか。

伊
ISETAN

モノ愛《め》でる暮らし

整理収納コンサルタントという肩書を持ち、〝身軽さ〟を信条とし、その上小さい家で少ないモノで暮らしていると紹介されると、みなさん私が「モノに対して欲が少ないのだろう」と勘違いされるようです。けれど、実は逆。私はモノに対してとても欲が強いのです。

だからこそ、貪欲《どんよく》にモノ選びに熱中します。ストイックに捨てるよりも、ストイックに選んで永く愛用したい。熱中するのはモノ「集め」ではなく、モノ「選び」。買ったはいいけどすぐに愛着が薄れ、使う喜びを失うような羽目にはなるべく陥りたくありません。

もちろん、考えて買ったつもりでも失敗することは多々あります。とても悔しいですが、失敗は次回以降の何よりの教訓に。そんな失敗と教訓の上に、私の今のモノ選びは成り立っています。

この本では、私の暮らしの愛用品をあれこれご紹介していますが、それがみなすべての人にお勧めの品ということではありません。暮らしの中で何を大切にしているかによって、ベストなモノは人それぞれ。私もいまだ修行中の身ながら、〝私にとっての理由がある〟モノ選びを実践中です。この本の実例が、あなたのモノ選びについて考えを巡らせるきっかけになれば幸いです。

3 モノは人生のよき相棒
モノが好きだからこそ、選び抜いたモノと身軽に生きたい！

column

1

身軽に生きるための心得

モノが好きだからこそ、
選び抜いたモノと身軽に生きたい！

1 モノはすべて現役主義

持ち物が
すべて現役であることの気持ち良さ。
モノも私もしあわせ。

そもそも、モノを持つのは何のためでしょう。間違いなく、使うためです。

「モノを大事にする」とは、しまいこんで使わないことではありません。日常で愛用していてこそ、モノの価値は発揮されます。

私は器《うつわ》が好きで、ほしいと思うものはたくさんあります。けれど、ぐっと我慢。新たな器が増えれば、働く機会を失う器が出てくるからです。

家の中に使っていないモノが溜《た》まれば、実利を伴わないコストだけがかさみ、家の中のスペースを奪って快適な暮らしを遠ざけてしまいます。私はそれがとても嫌……。

だから、モノは少数精鋭で回すのが理想。持ちモノのほとんどが「現役」であれば、驚くほどスッキリと気持ち良く、身軽に暮らせます。

理想のご飯茶碗

5年前、熱くて持ちにくいご飯茶碗を使っていた私は、熱さを我慢しながら根気強く「これぞ」の茶碗に会う日を待っていました。そしてついに、京都で理想の器に出会ったのです。これがどんぴしゃ、色味、雰囲気、丸みを帯びた形など、すべてがあまりに好みで衝撃を受けました。適当なモノを買わずにこの出会いを待って、本当に良かったと感じます。この器の素晴らしいことは、ご飯茶碗としてだけではなく、スープボウルとしても、小鉢としても、中身を美味しそうに見せてくれること。毎日さまざまに使い回せて、「現役」の中でもスタークラスです。

専用食器棚はありません。作家モノもしまいこむことなく、見える収納で取り出しやすく。

広川絵麻《ひろかわえま》さんの茶碗は普段はご飯茶碗、時々こんなふうにスープを入れて。赤木明登《あかぎあきと》さんのうるし椀は普段は汁椀、今日はネバネバキムチ丼。

現役選手は厳選

汁椀も同様に、夫婦そろって長年探していました。そうして数年前に出会ったこのうるし椀もまた、小丼など何に使っても美味しそう。しかも、何年たっても使うたびに喜びをこみ上げさせてくれます。毎日使う現役選手だからこそ、愛し続けられるモノを厳選したいと感じます。

持っている器の中で、割れたら一番悲しいのがこの茶碗。少し欠けてしまったのですが、知人が金継ぎしてくれてますます愛着が。

2 「たくさんある」ではなく「どれも気に入っている」から得られる満足感

少ないモノでも
気に入っていれば
満たされるし、
生活もややこしく
ならない

not たくさん、but ハッピー

服が好きな人ほど陥りがちなのが、たくさんの量を持ってしまうこと。けれどあまりに多い量の服は、本来ならお気に入りだったはずの服までくすませてしまいます。

人がときめけるモノの量には、キャパシティがあると思うのです。例えば、50着をすべて「大のお気に入り」と思うのは難しい。よくよく心と向き合ってみれば、本当に大事にしたい服は10着もないのではないでしょうか。そしてその10着も、新しい10着が加われば古びて見えてしまいます。そのループには、際限がありません。そしてたくさんの服は、一見選択肢が豊かなようで、実はそれだけの中からコーディネートを考えるのはとても難しいこと。うまく着回せず、お気に入りもよくわからない状態では、満足感が得られずまた買い物に走ってしまいます。

左から、主に旅行用(Dove&Olive×evam eva)、10年選手(不明)、A4ファイルも入るショルダー(STYLE CRAFT)。

クローゼットを占領しがちな、かばん

いつの間にか溜まって場所を取っているモノのひとつに、かばんがあります。とくに女性はかばん好きな人が多く、クローゼットに驚くほど大量に詰まっていることも。当然、使われていないモノがほとんどです。

私は、同じ役割を持つカバンは持たないように意識しています。「仕事で書類を入れる時はこれ」、「旅行に行く時はこれ」という風に決まっているので、選ぶ時にも迷わず、管理もラク。収納も引き出しひとつで済んでいます。

「いつの間にか増殖」するモノ代表――お弁当グッズ

夫はほぼ毎日、私もたまにお弁当を持っていきますが、ふたりがかぶることはないのでうちのお弁当用品は左の写真ですべて。水筒は飲み口だけ換えられるタイプのもので、「ワンタッチ直飲み用」「コップで飲む時用」のふたつの飲み口を使い分け、1本でまかなっています。

キッチン収納の中でかさばりがちなのがお弁当用品と水筒。いつか使えそうと思うと捨てにくいし、その割に簡単に購入しがち。最低限の量でまかないたい。

3
「今」は常に変わっていくものと心得る

人生は変化の連続。自分はいつまでも同じでない。
だから持ち物も点検、棚卸しを。

時の流れは早いものですが、同じスピードで自分にも変化が起きていることには気づかないものです。年を重ね、子どもが育ち、好みが変わり、立場が変わる。

当然、生活の優先順位や、大切なモノも変わっていくはずです。例えば、趣味だったお菓子作りをとっくにやめているのに、たくさんのツールが棚を占領していては暮らしにくい。また、5年前に「絶対捨てられない！」と思っていた服が、今はどうでもよくなっているかもしれません。

「今」はどんどんアップデートされていくものだから、「過去」をやみくもに堆積《たいせき》させるのではなく、きちんと整理して「今」を形作りたい。折々に機会を設けて持ち物の点検、棚卸《たなおろ》しをすることは、日々の暮らしを助ける作業となります。

アップデートのコツ

不要になったモノを処理することに、後ろめたさを感じる必要はありません。「人は変わっていく」「嗜好《しこう》も思考もずっと同じではない」ということを心得ておけば、不要なモノへの不要な執着心が、薄まります。納得して手放しやすくなるのです。

例えば服なら、衣替えの際に定期的な見直し、手放しを繰り返すことで、焦点を「今」に合わせたモノの取捨選択を上達させられます。

今の自分に必要な服

近頃またジャケットが必要になり、無印良品の「小さくたためるポリエステルジャケット」を購入しました。「使うのはたまにである」、「カバンに入れて臨機応変に羽織《はお》りたい」、「出張の予定がある」などの条件を示し合せると、この商品の機能がばっちりフィット。自分の年齢、環境、必要な機能に合わせて、洋服もアップデートする必要があります。

また最近、実は大好きなサンドベージュが自分の顔色に合わないと気づきました。そこで、白などの自分に合う色を顔周りに足すことで、印象を引き締めるようにしています。似合う服は年齢やシーンで変化するもの。今を基準にした服を厳選して持ち、自分なりのファッションを楽しみ続けたいと思います。

ちょっとした組み合わせで印象が変わる。

2年前に雑誌用に撮影したアウターのうち、着る機会がないとふに落ちたジャケット2着をこの2年のうちに手放した。

4 いつでも生活改善を

変化する暮らしに合わせて、収納や空間の使い方をアップデート

時とともに持ちモノが変化すると同時に、変化した生活とモノに則《そく》した収納が必要になります。「これはこの引き出しに入っているもの」という既成概念に囚《とら》われず、もっといい収納場所がないかとチェックしてアップデート。実は私も、これまで「ブラはパンツと同じところに」という既成概念で洗面所に置いており、着替えのたびに寝室から歩いてブラを取りに行っていました。「ハッ！」と気づいて服と一緒に収納したらラクなこと！　モノの使われ方と収納場所を改めて考えてみると、暮らしのラクにつながります。

Before

左より、アルコールスプレー、酸素系漂白剤、重曹。すべて見ためがうるさくなく使いやすい容器に詰め替えて使います。

洗剤を、使い回せるものへ

これまで、トイレにはトイレ専用の洗剤、衣類の洗濯には専用の漂白剤を使っていました。洗剤の数が増えれば、それを置いておくスペースや、買い足しなど管理の手間が増えていきます。

そこで、洗剤から「○○専用」という概念を取り払ってみました。

用意したのは、アルコール、過酸化ナトリウム(酸素系漂白剤)、重曹の3つ。基本の掃除を、これらでまかなうことができています。

アルコールスプレーは、拭《ふ》き掃除の時に湿らせつつ除菌できるので便利。重曹は水周りの掃除や、鍋のこげつきに。過酸化ナトリウムは衣類の漂白や、洗濯槽の掃除に。どこにでも使える万能な洗剤を使い回すことで、掃除がよりシンプルで気軽なものになり、管理もラクになりました。

5 「もっと欲を出せ！」モノ選びをエンタテインメントに

欲しいものをはっきりさせておくこと
それが物欲コントロールになる

モノを手に入れる瞬間ではなく、手に入れるまでの道筋を楽しむことにしています。「これぞ」のモノに出会うのは簡単なことではありません。かといって「これぞに近いモノ」で妥協するのは、まやかしの物欲に負けていると感じます。

　そんな時こそ、「もっといいものがあるはずだ」とさらに欲を出し、貪欲《どんよく》にモノ選びを楽しむ。すると本当に自分を幸せにする買い物ができるうえに、どこへ行ってもほしいモノがはっきりしているがために、いらないモノに目が行かず、ムダ買いをしないというメリットも。

　以前、キッチンの隙間に入れるワゴンを探していたときのこと。散々探しましたが1年間見つかりませんでした。間に合わせのモノは買わず、その間キャンプ用品で代用。ネットオークションでこの業務用ワゴン(中古)を見つけた時の喜びは、それは大きなものでした。

0から1への買い物

これまで持っていなかった［0］モノを、自分の生活に導入［1］するときは特に慎重になります。1つしか持つつもりはないから、愛しぬけるものがいい。また、新しい世界をともにする、頼れる相棒であってほしい。そんな気持ちで探します。

①スウォッチの腕時計

7年前に旅行先で腕時計を失くしてから(涙)、ずっと腕時計なしの生活を送ってきました。「買うのなら、年齢的に上等でとびきりの一本を」と考えると、なかなか新しいモノを見つけられないのです。あまりに見つからないので、「値段はともかく、今の私に合う時計」を買おうと考え方を変えました。それは、余計な装飾がなく、時間の見やすい時計です。また、生活防水で、日付と曜日がわかるといい。そう考えると、ある日偶然目に入ったスウォッチがぴったり当てはまりました。

モノは、夢中で探している時は見つからず、何気ない一瞬に出会いがあることが多い気がします。

②スリアのヨガマット&パタゴニアのヨガバッグ

ヨガ教室に通うことになり、マットが必要になりました。以前、格安量販店で安いモノを買ったことがあったのですが、粗末に扱ってしまい処分する羽目に。大変悔いており、今度こそきちんとしたものを大事に使おうと決めていました。

まったく専門外でわからない分野のモノは、その道に詳しい信頼できる人の助言がありがたい。ヨガのトレーナーをしている知人が以前ブログで紹介していた品を、迷わず買いました。

0から1への買い物

③貝印のキッチンばさみ

包丁のような感覚で使えるキッチンばさみを、長年探し求めていました。何しろ、国産から外国製まで幅広く多種多様なモノがあり、1本に絞り切れないのです。

ある日、伊勢丹のリビングフロアにキッチンばさみの販売コーナーが特設されていました。これは手に取って比べるチャンスと、かぶりつき！ たくさんある中から惹かれたものはみな、シンプルな形状のものばかりでした。

中でも、貝印のはさみは分解して洗えることが決め手に。お肉を切ったりしたいので、隙間もきちんと洗いたかったのです。今ではおうちで、肉も野菜も気軽に切れて大活躍。ちょっと切りたい時にまな板いらずで、大変重宝しています。

茹でたオクラをカットして納豆に。

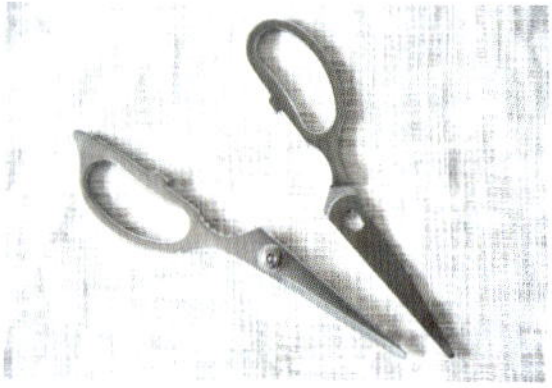

分解して洗えるからいつも清潔。

④ラミーの万年筆

頻繁《ひんぱん》に手紙をくれる親友がいます。彼女の文字は、流れるようなリズムがあってとても素敵。聞けば、万年筆を使っているというのです。

俄然《がぜん》、万年筆に興味がわきました。私もお礼状や一筆箋《せん》に、素敵な文字でしたためることができたら……。

ラミーはもともと、知人が持っているものを見てデザインを気に入っていました。文具売り場で見かけたので試し書きをしたところ、その書きやすさに感動！　値段もお手頃でした。

今では、手紙はもちろん、打ち合わせ中のメモや日常のTODOリストを作る時まで、気軽にどんどん使って書き心地を楽しんでいます。

⑤アロマストーンディフューザー

車移動の時間が長いため、車内の居心地をよくしたいという思いがあります。そのため、かつてはアロマスプレーをひと吹きして香りを楽しんでいました。でも、もっとじっくり焚《た》いて長時間香らせたい！

シガーソケットに挿《さ》すディフューザーは、デザインが気に入りません。アロマのお店や、カー用品店、雑貨屋さんなどを半年間探し回りました。

そしてついに、このストーンディフューザーを発見。焚くことばかり考えて、染み込ませるタイプは盲点でした。香りがきちんと持続して、デザインも素敵なのでこれに決定。夫も気に入り、同じものを上司に贈っていました。

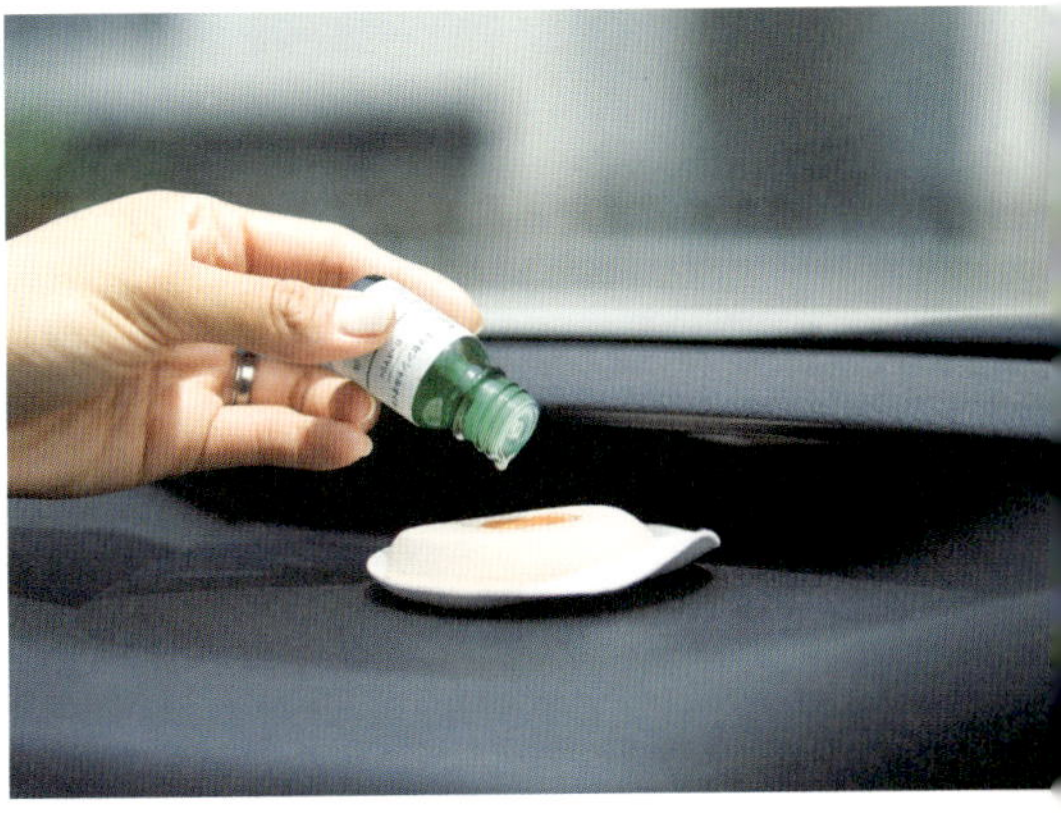

最近車内で焚くのは、ミントかローズマリー。
乗車する3回に1回ほど、ストーンにオイルを垂らして
香りを楽しんでいます。

今、大切にしたいことを
部屋に反映させよう

6

部屋は
その人そのものを表す
映し鏡

部屋に置いてあるモノ、そのモノの置かれ方で、そこに住む人の暮らしの軸が見えます。音楽をよく聴くのか、緑が好きなのか、食事の時に大切なのは何か……。

人によって、生活習慣や優先順位、得意不得意は違います。自分が部屋に合わせて住まうのではなく、「部屋を自分に合わせて」したい暮らしを実現できたらと思います。

私がリビングで大切にしたいのは、余白を設《もう》けて窓の向こうの景色が見えるようにすること。そのためソファは窓に向かって座れるように配し、外を見ながら深呼吸できるようにしました。そんな空間的・心理的ゆとりを持つためにも、リビングには「本当にリビングで使うモノだけ」を置いています。そして掃除がしやすく空気が循環しやすい、なるべくモノを床置きをしない部屋であることを心掛けています。

キッチンにあるお茶グッズコーナー。「三年番茶7/10」など必ず開封した日付を入れて、茶葉を使い切る工夫を。

今大切にしたいことがわかる部屋

私にとって、自分の部屋でお茶を飲みながらリラックスする時間が、何より贅沢《ぜいたく》で大切な時間です。どんなに忙しくても、落ち込んでいるときでも、このお茶の時間は守りたい。だからうちの収納の特等席、取りやすい場所にあるのはお茶セットです。

自分が普段いる場所を、心地の良い空間にしておくことは、人生においてとても重要だと思います。外から巣に戻ってきて、心を穏やかに落ち着かせ、心身に充電をする。そのパワーが、また外へ向かっていく力となる。普段身を置いている場所から、自分は作られていると感じます。「体は、冷蔵庫の中のモノでできている」と言えるように、「自分は部屋に作られている」とも言えると思うのです。

7

「わからない」を放っておかない暮らし

収納とは身の周りの「わからない」をなくしていつも明確で気持ちの良い状態をキープすること

「あとで」片付けよう、「とりあえず」入れておこう、と堆積させてきたモノは、いずれ「何があるのかわからない」モヤモヤを発生させます。人は「わからない」が気持ち悪いのです。スッキリと気持ちのいい家は、どこの収納も「ここは何？」と聞かれてすぐに答えられる状態です。そのために、我が家では３つのことを心掛けています。

第１に、一目《ひとめ》で中身が見えるように収納すること。大事なのは「一目《いちもく》瞭然《りょうぜん》」です。そこに用がなくても目に入るたびに中身が頭に焼き付くので、モノの所在がクリアになります。

第２に、グループで分けること。

第３に、見えない所にはラベリングすること。視界に入らないと、存在を忘れて使うチャンスを逃してしまうもの。ラベルでモノの存在をアピールし、しかるべき時にきちんと使えるようにしておきましょう。

見える化でわかる

①メッシュポーチ

収納用品や保存容器、ポーチなどはなるべく中身が見える素材のモノを選びます。パッと見て何が入っているのかわかるのが一番。逆に不透明で蓋《ふた》があったり、深型だったりすると、中身が見えずに不便を感じます。

写真は旅行用のアメニティグッズ。メッシュポーチは細かいモノをまとめておくのにとても便利で、無印良品のものを大中小と持っています。バッグの中でわかりやすくまとまってくれるので使いやすく、家の中でもコード類、部品などの収納に役立っています。

中身の見えないポーチでは、頭で細かいことまで覚えておかないと、「開けたけどこっちじゃなかった…」となりがち。外でバッグをもぞもぞするのは、結構なストレスです。

②ジップ袋

透明で、密封性のあるジップ袋は、台所に限らず家中のあらゆる場所で活用できます。中が見えるうえ、空気を抜いてコンパクトに収納できるのが魅力。

我が家では確定申告に備えてレシートをまとめたり、薬と処方箋をセットにして入れておくのに使用。中の見えない封筒やビニール袋に入れておくと、すぐに「わからない」となって必要な時に出せず、部屋のごちゃつきに一役買ってしまうのです。

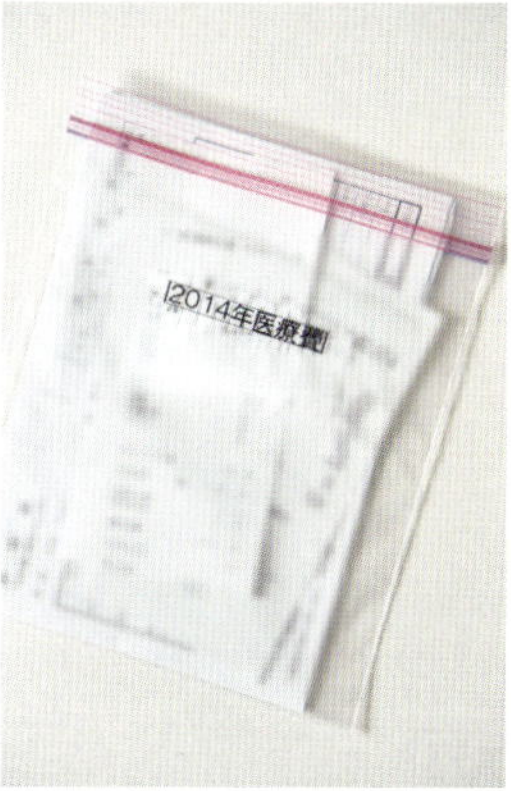

ラベリングでわかる

情報も〈見える化〉

前頁で触れたように、収納は「ここは何？」と尋ねられても即答できる状態が理想です。そのためには、あまりさまざまな種類のモノが混ざっていないほうがいい。つまり、同類でグルーピングされていることが大切です。グルーピングして、ラベリングすることにより、さらに中身のモノが明確になり、家族の誰が見ても「わかる」状態になります。

また、内容物だけでなく、それを使う時に参考となる情報をラベルに書いておくと大変便利。うちでは洗濯洗剤の容器に1回の利用量目安を記しています。これで洗濯時の作業がスムーズになるとともに、やりなれていない夫にもわかりやすい。

このほかにも、カレンダーに「燃えるゴミ」「かん・ビン」と分類ごとのゴミ出し日を明記。市報を引っ張り出してこなくてもサッと行動に移せる工夫です。

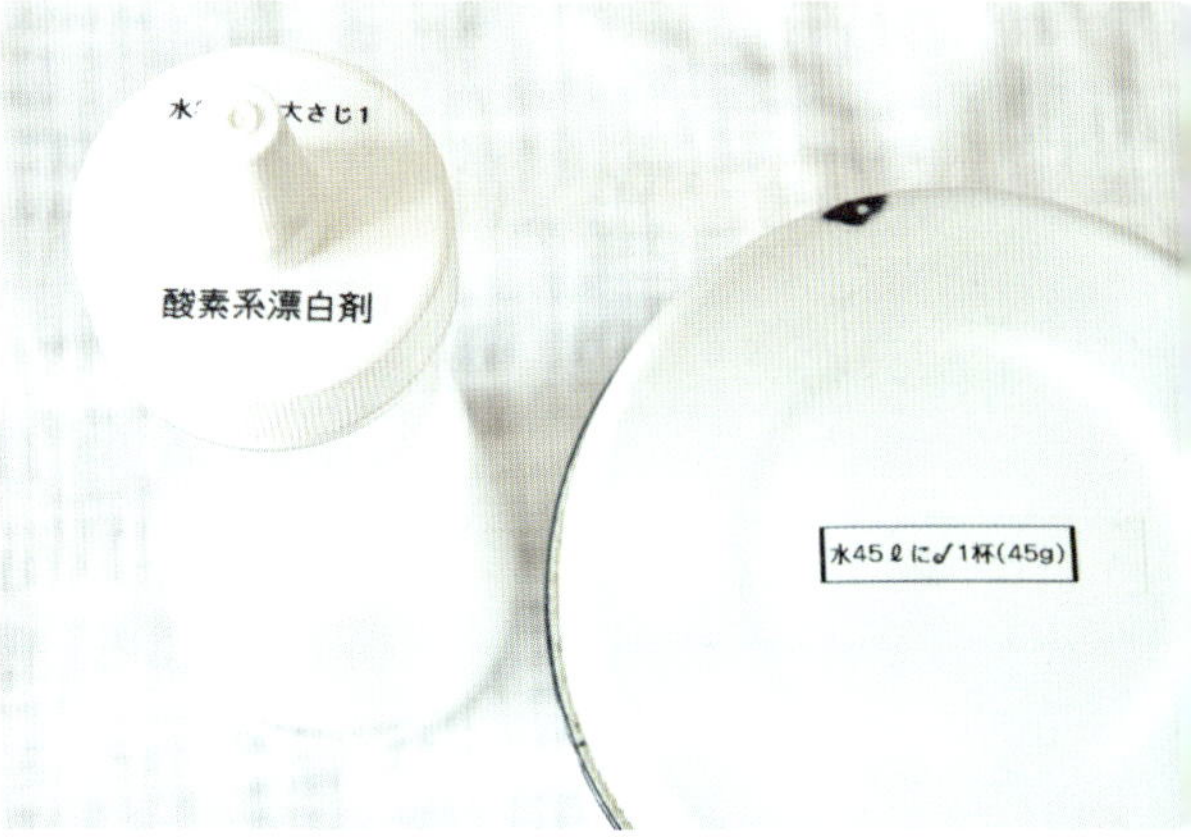

「靴みがけ」

玄関収納にある靴磨きセットの箱に、「靴みがけ」とラベリングしました。靴磨きは、靴にこだわりを持つ夫の仕事。小さな玄関で、大きな背中を丸めて一生懸命磨いています。

　ラベルを貼ってから、うっかり忘れがちだった作業に取り掛かりやすくなりました。私の靴も磨いてくれるので、とてもありがたいです。

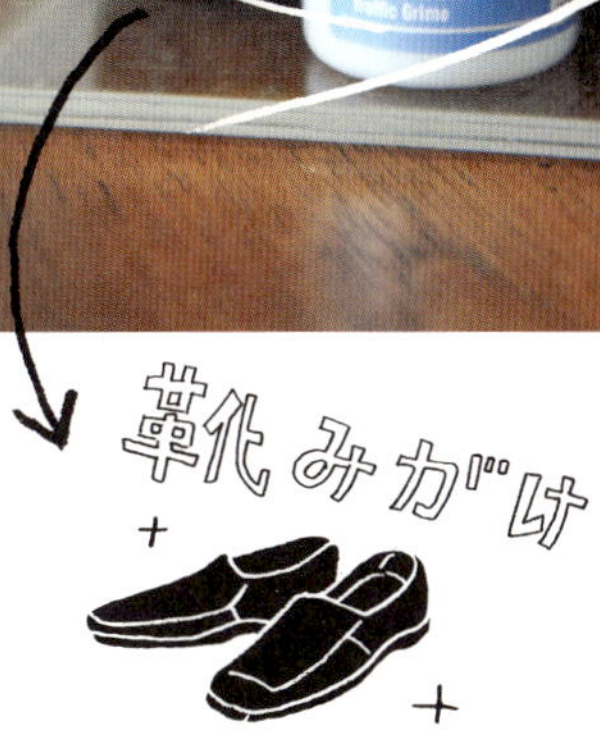

自分史年表つくってみた

この仕事を始めて、インタビューされる機会が増えました。自分のことなのに、度《ど》忘《わす》れしていることも。そこで、自分の年表をつくってみました。

　いつ、何に興味を持ったのか、どんな行動に移したのか。客観的に自分を振り返り、俯《ふ》瞰《かん》してみると気づくことがたくさん。過去を見える化することは、今後の指針づくりにも貢献してくれそうです。

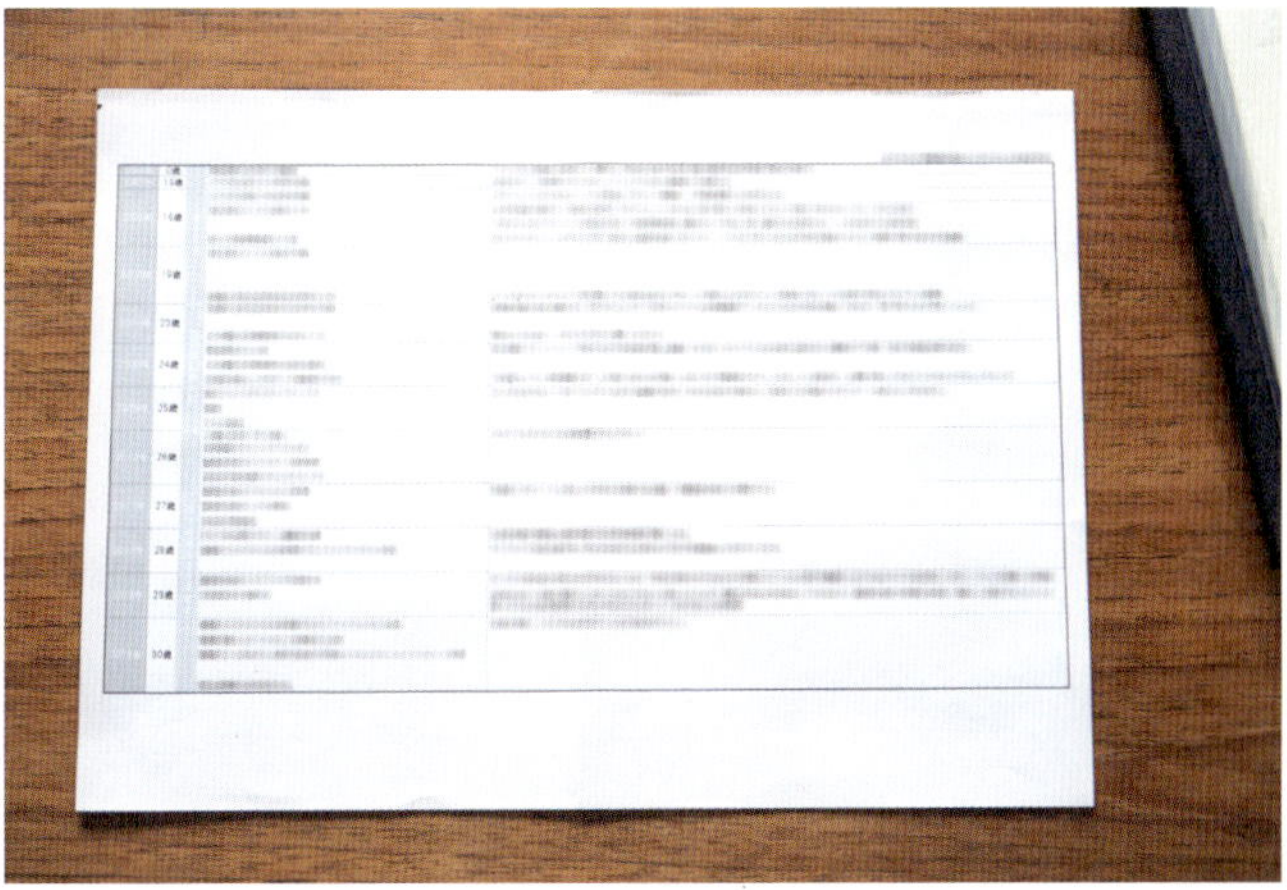

8 多すぎる収納が不幸を招く

収納が多いことを
人は求めてしまう
でもそれって
本当に良いこと？

　結婚して住み始めたこの集合住宅は、本当に狭くて収納もほとんどありません。けれど今となっては、それがよかったと思います。引っ越してきた当初、狭い家の中は二人のモノでぎゅうぎゅうでした。何が何でも残すモノを厳選して、ほかは処分するしかなかったのです。でも、これが後々の大きな幸せを導いてきてくれました。

　この作業のおかげで、「残した意味のあるモノ」しかない家で、新生活をスタートできたのです。こうなると、家の中に「別にいらないモノ」を持ち込むことを自然と避けるようになりました。

　これがもし、収納スペースの豊かな家への引っ越しならどうだったでしょう。使うモノも使わないモノも、とにかくしまいこみ、いざ使いたい時にモノが見つからない家になっていたかもしれません。見つからなければ、また買ってきます。モノがどんどん増えるので、収納はさらに大変なことに。

　不幸はまだまだ連鎖します。家がごちゃついて居心地が悪いために、満たされない気持ちを買物で紛らわせてしまうかもしれません。無駄遣いであり、モノが増えることで家のカオスは悪化します。何とか整理しようとしても、空《あ》いているスペースを探してしまいこむのでは、家族の生活動線にそぐわない配置になってしまいます。結果、家族みんなが使いにくい空間に。それは、家庭の不和をも生み出しかねません。

　「収納の多い家」がもてはやされる昨今ですが、よほど管理能力が高くない限り、「悪い連鎖の起こりやすい家」にも思えます。

選んで残すということ

うちの玄関収納には、靴だけでなく本やCDも収められています。音楽好きな夫は当初、大量のCDを持っていました。けれど、たくさんありすぎれば存在を忘れたり、聴きたいのに探せなかったりします。

　CDが好きだからこそ、どのCDにもアクセスしやすく収納したい。限りあるスペースの中でそれを叶《かな》えるには、「どうしても残したい」モノだけで中が構成されるよう編集することです。夫は、3回ほどの見直しを経て、曲をデータ化するなどしながらCDを半分以下に減らし、珠玉のコレクションとすることに成功しました。

　収納は大きければいいとは限りません。モノがたくさん入らなければ、中身を選んで残す、「自分を編集する」能力を養うことができます。

収納がないから工夫が生まれる
オープンラック活用術

キッチンのオープンラック

前からもサイドからも手を伸ばせるオープンラックは、作業数の多い台所仕事にうってつけです。引き出しを入れたい、下の方はゴミ箱スペースにしたいなど、自分のいいようにカスタマイズできることが大事。

ランドリーのオープンラック

無印良品のオープンラックは、洗濯機周りの収納が足りない、賃貸に住まう人にぴったり。サイドを使える、引っかけられる、マグネットが貼れる、脚の高さが左右で変えられる（片方だけパンに入る）など。秀逸！

収納をダウンサイジングしてみる

冷蔵庫を小さくしてみました

これまで使っていた427Lの冷蔵庫は、夫婦二人の家庭には大きすぎました。収納とまったく同じで中身の管理が大変だし、しかも傷むモノです。無印良品の270Lにダウンサイジングしたところ、中を見渡しやすくなり食品の廃棄率が明らかに減りました。

収納（冷蔵庫）を小さくしたことで、家族に適した分量を見極めて買えるようになったと実感しています。

メモリを小さくしてみました

iPhoneを買い替える時、間違って16GBのメモリ数のモノを買ってしまいました。それまでは64GBあったのに……。

ところが、これが大正解。写真や音楽、アプリの整理をせざるを得なかったおかげで、取りたいデータがすぐに出せるように！　仕事の効率化にもつながりました。

9

人生を複雑にしない

いつも心軽やかな状態に

仕事に家事、育児、雑事等々……忙しいほどに気持ちはきゅうきゅうとしてます。そんな時こそ、時間を割《さ》いてでも部屋をスッキリと整理させるべきだと思います。部屋が雑然としていると、それだけでせわしない気持ちになるもの。

　心の状態は、持ち物、部屋、頭の中、時間等々、身の回りの環境にとても左右されます。日ごろから目に見えるところも、見えないところも、総じて継続的に整理しておけば、自らの重しは外れていきます。

　片付いた部屋では、頭の中の整理もしやすく、効率的に動ける土台を築けるのです。

　私の原点には、「人生を複雑にしたくない」という強い思いがあります。世に溢れるモノ、コト、ヒト。それらをのべつ幕なしに取り入れていくのではなく、自分のセンサーに引っかかるものだけをきちんと選んで、じっくりと楽しむ生き方をしたい。

　自分のキャパシティで、大事にできる分だけをきちんと選び取り、モノ・コト・ヒトに振り回されない暮らしをしたいと思っています。それが私にとっての「身軽」な状態だからです。

　そんな理由で、ＳＮＳもやめました。友人の近況がわからなくなるのは少し寂しかったけど、本当に知りたかったら自分からつながろうとするものです。なあなあでちょっとずつ付き合っても、生み出すものはあまりありません。

　大事にしたいものは、明確にしておきたい。複雑になると、見えなくなってしまいます。ネットの進化で、モノ・コト・ヒトの関係性は複雑化しました。そのような中で、受動ではなく、能動的に関係を築いていければと思っています。

情報を使いやすく収める

仕事のスケジュールや、気になるショップなど、ストックしておきたい情報は手帳とiphoneに集約し、ほかのところには置いておきません。いつも持ち歩くこのふたつから、必要な時にいつでも情報を引き出せるようにしています。

情報をストックするときは、いつも「検索する」ことを考えてメモをしたりデータ化したりします。どんな状態にしてあればほしい情報にたどり着けるのか、を考えて整理しておくことが大切。

手書きの情報も、ペンで色分けしたり、インデックスやフォルダで分けて、取り出しやすいようにしておきます。

モノの収納と、まったく同じ。使う時のことを考えてしまわなくては、使いたい時に使えません。

情報にもラベリングを

メーラーは、「分類がしやすい」「視覚的にわかりやすい」ことからGmailを使っています。

「メールの自動振り分け設定」で「ラベルをつける」機能を利用すると、メールにラベリングがなされ、見たいメールにすぐにアクセスすることができます。

ラベルをつけるのは、ちょっとした手間。でもこのひと手間が、のちに必要な情報を引き出す時にとても便利で、総合的に見れば大きな時間短縮になっています。仕事の効率アップにつながると同時に、返信しやすいことで筆不精な私の人付き合いを円滑にしてくれています。

これもまたモノの収納と同じことで、忙しい時ほど整理整頓を行って、効率よく動ける土台を作っておくことが大切だと感じます。

10
人生にたくさんの「うっとり」をちりばめて

誰と、どこで、どんな空気を

モノは好きだけど、あの世までは持っていけないんだよな……。そう思うと、人生で経験する「うっとり」の時間こそを、たくさん手に入れたいと思うようになりました。例えば10万円あったら、モノより経験に使いたい。大好きな人と、大好きな場所で、大小の「ああ幸せ」と感じる瞬間を人生に散りばめたい。

もちろんそこに、どんなモノを持ってどのように暮らしているかは、大きく関わってきます。一番リラックスできる場所であるはずの家は整えておく必要がありますし、外出先でうっとりするためには情報を整理してストックしておく必要があります。

「うっとり」は、ただ漫然とすごしているだけでは、そうそう手に入りません。きちんと事前の準備と心構えをもって、能動的に得ていくことをおすすめします。

ある日のうっとりタイム

お風呂から上がって眠るまでの時間は、心ゆくまで自由な時間を満喫したいと思っています。そのために、お風呂に入る前にすべての雑務を終わらせ、片付けをすませておきます。

お風呂上りは身づくろいもチャッチャとすませ、「あとは寝るだけ～」とお気に入りのソファにゴロン。ポットに入っている温かなそば茶をすすりながら、ゆっくり読書タイムです。すぐに眠たくなってウトウト。お布団にもぐりこんだら、「今日も一日おつかれ～」と夢の中へ。

こんな何でもない日常のうっとりが、本当に大切です。この時間を得るために必要なのは、お気に入りのソファやテーブル、お茶セット。そしてズボラな私にとって重要なのが、モノが多すぎず収納のわかりやすい、片付けがラクな部屋なのです。

旅先のうっとりタイム

自然の力に癒《いや》されたくて、最近は自然豊かな場所を旅先に選ぶ傾向があります。同様に、大好きなコーヒーも重要なリラックスアイテム。

福岡へ行った時、コーヒー好きの方に薦《すす》められた喫茶店に入りました。春の陽気が気持ちの良い日、窓際の席で青々とした木々を眺める幸せ。時折飛んでくる野鳥を見ながら、マスターが丁寧に淹《い》れてくれたコーヒーをゆっくりいただきました。

本に没頭したり緑がきれいだな～と深呼吸したり。ほかのお客さんの会話も、ゆったりとしたBGMのよう。あんまりうっとりできる空間なので、コーヒーをおかわりして長居してしまいました。こんな素敵な雰囲気、もてなしてくれる方の行き届いた心配りを感じられる瞬間を、たくさん味わいたいと願う昨今です。

column

気になる方に聞きました❶

中島有理さん

アパレル勤務などを経て、2015年6月、父の仕事であり福島の復興を願うニットを世界に広めるため、最小限の生活用品だけ持って渡英。「行動力抜群、会うたび刺激をくれるユニークな高校時代の友人。」フクシマニット http://fukushima-knit2015.wix.com/fukushima-knit

Q カバンの中身見せてください

①水筒 ②iPod ③デーツとアーモンド（いつも持ち歩き小腹がすいたときに食べる） ④財布 ⑤がま口（リピート買いのマリメッコのガマ口）

がま口の中は…

カバンの中身はその人を表す！

カード類はたった4枚！クリアファイルを切って作った小銭入れが秀逸。

4畳一間のアパートで一人暮らしを始める時に、「荷物は100個まで（消耗品除く）」と決めて引っ越した中島さん。少ないモノで暮らす豊かさを、身をもって感じたそう。今行なっている工夫は、買ったモノをエクセルに記入して量を把握すること。一昨年はなんと20個に抑えたとか！「リストに書きたくないから買わないんです。持ってしまえば捨てられないし、増やしたくないし」。

現在彼女は、ワーキングホリデービザで渡英し、ニットを通して日本の文化を紹介しようと行動を起こしています。そのために立ち上げたブランド名は、「フクシマニット」。

もともと服飾を学びアパレル業界で働いていた中島さんは、大量生産

フクシマニットのショルダーバッグ。使いやすい肩紐の長さにこだわりました。

Q リピートして使い続けているもの見せてください

A ビルケンシュトックのサンダル

とにかく快適で長持ちするから好き。履いているのは5〜6年前に買ったチューリッヒ。

Q 人それぞれ無条件に好き、というアイテムがある。これだけは重複買いを許しているというモノを見せてください

A シャツ

とくにストライプのシャツに弱い。父が若い頃に着ていたお下がりも２枚活躍中。

された洋服を何万枚と畳みながら、「こんなに作られて、買われて、脱ぎ捨てられていく服に意味はあるのか」という疑問にさいなまれていました。自分は、ストーリーのある服を作りたい。その服の意味が人に伝わって、大事に使ってもらえる商品を作りたい。そんな思いからひらめいたのが、フクシマニットでした。

福島のニット産業は、中国などに工場を移されたうえに、震災被害もあって青息吐息です。すたれてしまわないよう、継続の一助となればという思いで商品を企画、デザイン。

シンプルさのなかに温かさと斬新さを持ち合わせる中島さんのニットは、ジャパンメイドのよさを伝える絶好のツールとなっているはずです。

持ち物をすべてエクセルで管理。全持ちモノ100個以下を目指している。

column

気になる方に聞きました②

山中とみこさん

布作家。「CHICU+CHICU5/31」主催。古道具屋店主などを経て、デザインから縫製までを手掛ける現洋服レーベルを設立。センキヤ（埼玉・川口）に直営店。著書『古い布でつくる』（主婦と生活社）。「彼女のワイドパンツは、週の半分着ることもある愛用品。しかも人から褒められる服ナンバーワンなのです。」

Q カバンの中身見せてください

①バッグ（冨沢恭子さんの柿渋染め） ②ノート3冊（3冊入れられるケースを購入予定） ③ポーチ（めがね） ④財布（リピート品 POSTALCO） ⑤ラジオ入れ ⑥スイカ入れ

布作家の山中さんは、狭小住宅を4人家族で住みこなしながら、さらに自宅にお店を開いたりと自分の働き方を切り拓いてきた方です。一昨年は、築40年の集合住宅をリフォームされました。

おじゃましてみると、無駄な装飾のない、古い物件ならではの無骨さ、経年変化した古いモノの風合いを愛でている様子がうかがえました。オブジェや古道具など決してモノが少ないわけではないながら、スッキリとした開放感があります。それは、“見せていいモノとしまうモノは分ける”“出す所は白、見えない所は色”というルールを定めているから。

Q リピートして使い続けているもの見せてください

A ずっと使い続けている調味料たち。

写真右より、オリーブオイル（わかちあいプロジェクト フェアートレード）、醤油「御用蔵」ヤマキ醸造㈱、みりん「本みりん」白扇酒造㈱、酢「富士酢」飯尾醸造、ごま油「玉締めしぼり」松本製油㈱

人それぞれ無条件に好き、というアイテムがある。

Q これだけは重複買いを許しているというモノを見せてください

A 白い器と白いシャツ

外に出すものは色のない白と決めています。黒など他の色のブラウスはクローゼットの中。

透明な食器棚には、素敵な器がずらり。「作る人の顔がわかるから、作家さんのものが多いですね」。

料理に関しても、作り手の顔が見える、よい素材と調味料で作れば、簡単なものでも十分に美味しいと話してくれました。

お酒の大好きな山中夫妻。ゆっくり飲みながら美味しいお料理をお気に入りの器で食べる――。取り入れてみたい、素敵な習慣です。

山中さんにとって、衣食住のすべてが一つのつながりであり、一直線上にあるもの。どれ一つとして、どうでもよいことにはできません。「家が好きなんです」という言葉が、とても印象的でした。

仲のよいご主人と。

2 わたしの棚卸しをしよう

うしろめたさのない、
モノの手放し方、
提案します！

モノはなぜ簡単に捨てられない？

目をそらしたい「失敗」

整理収納サービスでさまざまなお宅に伺ってきましたが、みなさんにとって「なかなか手放せずに困っているモノ」には共通点があることに気づきました。

それは「失敗」「反省」の雰囲気を多分にまとったモノだということ。

例えば、趣味にするつもりで集めたけど、〝長続きしなかった〟手芸やお菓子作りにまつわるツールたち。または、必要になるたびに買ってくるけど、実は〝家にあったのに見つからなかっただけ〟の紐や封筒などの消耗品たち。さらに、必要な〝気がする〟、足りない〝気がする〟と、根拠のない気分でたくさん買い込んでしまった下着や靴下などの衣類等々。

これらのモノに注目し、処分するという行為は、イコール自分の失敗を目の前に突き付けられることになります。それは気分のいいものではなく、ついつい見て見ぬふりをして何年でもためてしまう結果に。「いつか活かせるはず」「失敗にしたくない」「忘れたい」などの気持ちが、使わないモノをしまいこんで死蔵させているケースが多いと感じます。

処分が、買い物の仕方を変える

とはいえ、失敗から目をそらして死蔵品をため込んでしまえば、家の中が雑然として暮らしにくくなってしまいます。心の中にも、家に亡霊(死蔵品)を閉じ込めているような後ろめたさが生じてきます。

痛みを伴う作業ですが、一度きちんと収納の中身をすべて出し、〝失敗の産物〟をまとめて手放すべき！

この時、「後から使える」と思ってはいけません。どんなに処分がつらくても、その痛みを胸に刻み、次回以降の安易な買い物を防いでほしいのです。

私もたくさんのモノを捨ててきて、こんなにたくさんのモノは活用しきれないのだと強く実感してきました。収納サービスのお客様からいただく声で一番多いのは、「モノを簡単に買わなくなった!」という声です。

　モノを手放すことによって生じる最も大きいメリットは、安易な買い物をしなくなることだと思います。ひとつひとつはちょっとした出費だったにしろ、一生の積み重ねを考えれば大きな財産になるのではないでしょうか。

棚卸しは、繰り返し

　こうした収納の棚卸しは、1年に1度、3年に1度といったペースで繰り返すことをお勧めします。1章でもお話ししましたが、人の生活はずっと同じということはありません。年を重ねるうちに、いつの間にか環境も嗜好も変わっているもの。必要なモノ、大切なモノは気づかないうちに変遷しているのです。

　棚卸しを繰り返すことは、家をスッキリさせてくれると同時に、自分の変化に気づくきっかけともなってくれます。そして焦点を「今の自分」に合わせたモノの取捨選択、持ち物の編集能力を、棚卸しを繰り返すごとに上げていくことができるのです。

貰いモノに要注意

　モノには自分の選択で招いたものと、予想外に外から入ってきたものがあります。両方合わせて、自分の持ちモノ。

　例えば人からお茶やコーヒーをいただいた場合、いつものペースで買い足していれば在庫が多くなりすぎる結果に。日ごろから「まずは手元のモノを消費する」「我が家の在庫を確認して、残量を把握しておく」ことが、ムダにつながる買い物を防いでくれます。そのためにも、定期的な棚卸しは効果的です。

わたしの捨てられないモノ代表! 大学時代、フットサルのサークルで作ったユニフォーム。思い出がつまっています……

モノの適正量と捨て時考察

家にある数≠必要な数

今、家にあるモノの数は、その家に一番適した量とは限りません。食器棚いっぱいのコップ類、洗面所の引き出しに溢れるタオル等々。「ずっとこうしてきたから」というのは既成概念でしかなく、実は減らしてみたらずっと取り出しやすく、しまいやすくなったというケースが多々あります。しかも、何も困らないということに気づくはず。

家の中に使いづらい場所があったら、一度「この量が本当に必要だろうか?」と問い直し、「我が家の適正量」を見極めてみることをお勧めします。

見極め方①
生活サイクルの中で見極めよう

例えば、ショーツを20枚持っているとします。でも実は、毎日洗濯をする家庭であれば、3枚もあれば十分まわせます。旅行や予備にと考えても、せいぜい5枚でしょうか。

20枚をきちんと全て使っているとしても、どれもが古びていくのでお勧めできません。数が多いほどひとつひとつへの注意は散漫になり、気づけば色あせて毛玉の着いた下着を履いていたなんてことにも……。

そこで10枚をストックとしてしまいこみ、残り10枚で回してみてください。きっと、何も困らないどころか収納がスッキリして選びやすくなります。全体量が少なければ、古びた時に一気に新調することもできます。年を重ねるごとに、下着は古びていないモノを身に着けたいと感じるのです。

見極め方②
「いつか」はいつか?

文具や衣類など、保存がきいて、いかにも「いつか使えそう」なモノは必要以上に取っておきがちです。けれど例えばメモ帳を20冊もストックしておいても、いつか本当に使う日が来るでしょうか?

さらに管理が甘くあちこちに散らばっていたりすれば、20冊あるにもかかわらず、出先で気軽に買ってしまうことも。

管理しきれる量を、きちんと把握できるようにまとめておきましょう。

ぎっしり詰まったペン立て。

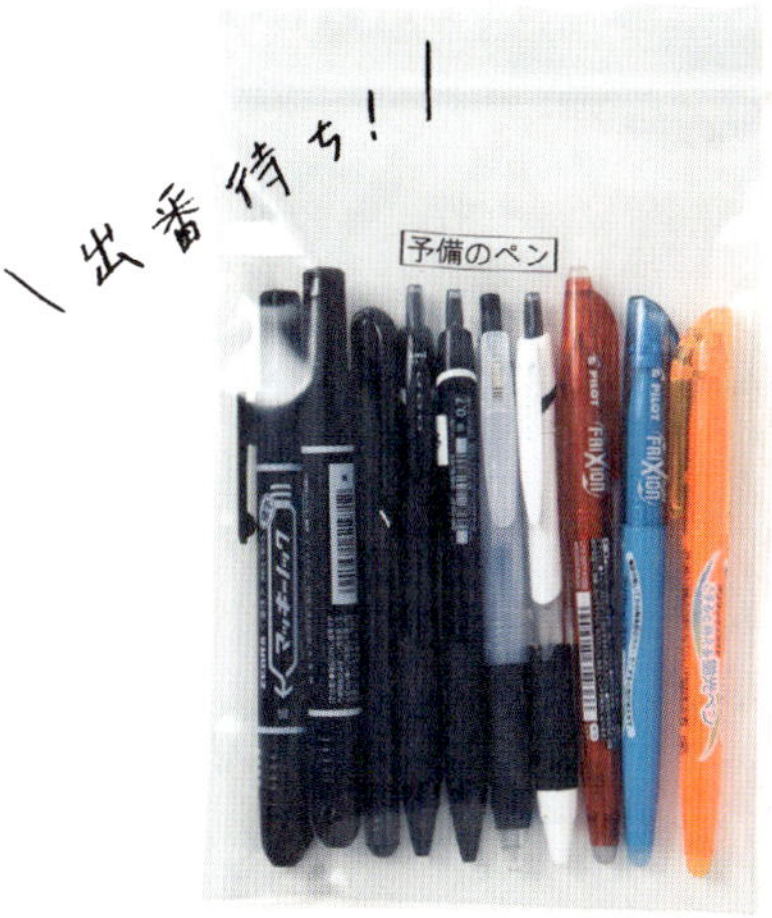

役割がかぶるペンや、使わないペンは「出番待ち」としてわかりやすくストック。処分への一歩であり、これ以上買う気がなくなります。

スタメンを決めてすっきりと収納。

見極め方③ 「現役」と「出番待ち」を分ける

ペン立てや引き出しがギュウギュウだと、使いたいペンが見つからずに、舌打ちしたいような気持ちになると思います。これは、適正量を超えた状態でモノを持っている典型的な例。いつも使っているペンだけを集めれば、おそらく数本で済むでしょう。少数からサッとねらいのモノを取れる状態を一度知ったら、それまでのストレスがいかに大きかったかわかると思います。

現役選手以外は、ジップ袋などに入れて「出番待ち」と明示しておいてください。現役選手を選ぶ時点で、自分にとって本当に必要なモノを自覚でき、「ペンは必要分ある」「ストックまである」と脳裏に刻まれるため、出先で気軽に文具を買い足すことをしなくなります。

本多家の適正量 ―― いまはこんな感じです

バスタオル
4枚

一度使ったら洗濯します。時には夫婦で1枚を使うことも。黒ずんできたら総取り替え(約1年半に1度のペース)

フェイスタオル
5枚

顔を洗って拭いたら、洗面台や鏡をついで拭きして洗濯機に入れます。気軽に使い、洗いやすいよう、小判のタオル

台ふきん
3〜4枚

12枚セットのふきんを買い、3〜4枚ずつおろして使います。シンク下扉に吊るしたバッグに収納し、1日使ったら洗濯機に。古びたら雑巾やウェスにします(無印良品／落ちワタふきん12枚組約40×40㎝)

食器ふきん
2枚

とても丈夫なふきんで、あまり買い替えません。柔らかく、乾きやすく、吸水性も手触りもよいお気に入り。食器は自然乾燥のため、2日に1度の洗濯(びわこふきん／和太布)

バスマット

2枚

始めはfogの1枚だけでしたが、乾かないことがあったので無印良品のを買い足しました。普段は洗濯機につけたバーに吊るして乾かし、週に1〜2回洗濯(fog linen work／リネンマッサージバスマット、無印良品／インド綿シェニールバスマット)

手拭き

5枚

キッチンと洗面所の2カ所に吊るしています。拭き心地、乾きやすさ、サイズ、吊るし紐等々すべてが完璧!ほかがシンプルなので、この柄がインテリア的な要素にも(R&D.M.Co／キッチンクロス)

ハンカチ

5枚

夫と共有で使っているため、スーツのポケットに入っていてもおかしくないデザインのものを。最初は1枚、気に入って3枚、夫も使い始めて5枚に(R&D.M.Co／リネンハンカチ)

我が家のルール

ひとつのカテゴリーのモノはなるべく1種類のブランドで統一するようにしています。さまざまなブランドが混ざっていると、高価なものが古びた時になかなか処分できないからです。1種類で最低枚数をキープしていれば、どれも平等に使うことができ、古くなったことにも気づきやすく、処分もしやすくなります。

そしてどの枚数も多すぎると、収納スペースをとるというだけでなく、洗濯の頻度を下げてしまうというデメリットも。洗濯物が溜まれば、干すときのピンチもたくさん必要になり、モノに引っ張られる(=身軽ではない)暮らしに寄ってしまいます。

靴 Total 14 足

処分の理由 ①

1足くらいスニーカーをと思い購入しましたが、サボに慣れ過ぎて靴ひもを結ぶのが面倒……

サボ×2、革靴×3、ショートブーツ×1、スニーカー×2

人は"わからない"が気持ち悪い。持ち物とことんカウントダウン

数を把握する意義

さほど服持ちでない人ですら、数えてみると100着以上あったりします。数が漠然としていると、自分の物量がどれほどなのかわかりません。

数を知って客観的なデータを把握することが、買い物をする時の冷静な判断をもたらしてくれます。また、数えるためにすべてを広げることで、不要なモノに気づいたり、自分の癖を発見するいい機会にもなります。

処分の理由③

法事などのためにとっておいたのですが、くたびれているので新調したいと思って

サンダル×2、登山靴×1、長靴×1、冠婚葬祭×2

処分の理由②

以前は夏じゅう履いていたサンダル。冷え取りを始めて、素足をやめました

靴のカウントダウンと見直し

靴は「用途別」に持つ必要があるため、極端に減らすことはできません。けれど、かさばるし、現役主義に反して眠らせておくのは不本意。寝かせているだけ、傷みもします。

一度すべてを出してみると、どんな人にも「うわっ」という発見があります。多すぎたり、忘れているモノがあったり、わかっていたつもりでも反省材料が何かしら見つかるもの。

3足、断捨離しました!

Total 11足に!

洋服 Total 84 点

とことんカウントダウン

洋服のカウントダウン

服のカウントダウンは、2年前に行って以来でした。その間に新しく導入した服のことを考えると、絶対に増えているだろうなと思ったのですが……実際はほぼ変わらず。意識して、ちょくちょく見直していたのが功を奏したのだと思います。

それでも、80枚が自分の適正量だろうかとよくよく考えると、こんなに必要ありません。いくら四季があるとしても、それほどの数を着まわすことは自分にはできないのです。実際、こうして並べてみると、着ていない服とよく着ている服のムラが激しいことに気づきました。

そして今回、スタジオという明るい場所に並べたことで、部屋では気づかなかったシミや黄ばみ、穴まで発見！　服を広げる作業は、なるべく明るい部屋で日中に行うことをお

リサイクルショップ行きの洋服たち。

8点、断捨離しました!

Total 76着に!

勧めします。「こんなにくたびれて!」と明らかになることが、処分への後押しになってくれるでしょう。

この機会に、散々着てくたびれた服や、顔色に合わないと気づいた服など8点を処分しました。今後も見直しを重ねて、本当に働く服だけを、着まわせる数だけ持ちたいと思います。

とことんカウントダウン

身につけたいもの篇

小物カウントダウン

服がベーシックなモノばかりなので、アクセサリーや小物で変化を楽しみたいと思っています。選んだことのないような色でも、顔から一番遠い靴下であればチャレンジしやすかったり。服を増やさなくても、小物をうまく使っている人を見ると「オシャレだなー」と感じます。

そんな事情で、服飾雑貨は目下増やしている最中。とはいえ小物にしろ、雑貨にしろ、収納内に収まるのはもちろんのこと、詰め込むのではなく選びやすいゆとりのある量を維持することが大切です。入らない、選びにくい、収納スペースが幅を取りすぎているなどの障害が生じたら、すべてを出してカウントし、数を把握&見直ししてみてください。

アクセサリー Total 33点

ネックレス×5、ピアス×10、ブレスレット×5、ブローチ×8、リング×5

靴下 Total 11 足

ストール Total 6 点

湯のみ Total 8 点

五寸皿 Total 6 点

カトラリー Total 30 点

コースター Total 11 点

身軽に生きる！実践してみよう その1
ワードローブ12着着まわし

『フランス人』に感化されて

『フランス人は10着しか服を持たない』という本を読みました。小さいタンスにきちんとワードローブを管理して、一着一着をきれいにクリーニングし、アイロンをかけ、丁寧に扱っている様子に感銘を受けました。それも、少ない量に厳選しているからこそできること。

私も、数を限定し、少数で着まわしてみようと思い立ちました。よく使う服を数えてみるとトップスが6着、ボトムスが6着だったので、私は12着で挑戦です（インナーは数に含みません）。構成を1カ月に1度ほど見

Tops

①紺色ニットチュニック（evam eva）、②細ストライプリネンブラウス（fog linen work）、③ストライプノースリーブシャツ（LE GLAZIK）、④白シャツ（nookstore）、⑤細ストライプリネンブラウス（ARTS&SCIENCE）、⑥白ノースリーブニット（iliann loeb）

直しながら、服とじっくり向き合ってみました。

12着チョイスの基準

基本的に、同じ役割をするものは2枚必要ありません。これは買い物時にも言えることで、似たようなメニューを増やせば選ぶ時間が長くなり、忙しい朝の負担となり得ます。

12枚は、少ないようで、組み合わせを考えると結構なコーディネート数になります。インナーの色やアクセサリーを変えれば、さらに広がりが。

服全体から12着を選ぶ基準は、「つい手に取ってしまうモノ」。着やすかったり、合わせやすかったり、好きだったり。そういうモノだけを厳選した少数精鋭チームを作ると、「本当はいらないモノ」が浮き彫りになると同時に、12着あれば十分なんだという事実も見えてきました。

bottoms

⑦黒ワイドパンツ(CHICU+CHICU5/31)、⑧ストライプクロップドパンツ(mizuiro ind)、⑨紺リネンサロペット(atelier naruse)、⑩紺フレアスカート(MARGARET HOWELL)、⑪白クロップドパンツ(MARGARET HOWELL)、⑫ストレートジーンズ(YAECA)

12着着まわし 今日なに着よう

② + ⑨

お気に入りのサロペットは、
コーデを考えたくない日に
こそ活躍。ちらり見える
靴下でアクセントを。

⑤ + ⑨

サロペットの上半身を垂らし、
クロップドパンツとして。

シャツとワイドパンツのシンプルな組み合わせ。
色も白と黒のみで、潔く。

スカートの丈が長めなので、トップスは
ショート丈を選んでバランス良く見えるように。

存在感のあるストライプのブラウスは、シンプル
にワイドパンツと合わせるだけでコーデが完成。

1枚に3色が散りばめられたストールを巻けば、
コーディネートがパッと華やぐ。

ネイビーは着ていて落ち着く色。
パーカーを羽織ることでメリハリを。

ベージュのローブは助かりアイテム。何にでも合いやすく、1枚羽織るだけでなんとなく様になる。

黄色い靴下はちょっと冒険。

実は洗濯で縮んでしまったデニム…
逆手に取って、ちらっと見える靴下で遊び心を。

白いボトムスはそれだけでコーディネートがパッと明るく。ストールは顔周りのトーンを上げてくれる。

白いローブを羽織れば、たちまち爽やかな印象に。ベーシックな色味に、カラーの小物が映える。

1か月間12着コーディネートを始めてみて

トライしてよかったことは多々あります。まず、少ない数を回すことから、一着一着の汚れやしわに敏感になり、洗濯やアイロンを丁寧にするようになりました。

また、服を買う時の基準が以前よりも厳しく。「12着ですら着回せていない服があるのに、これ以上増やす必要がある?」と自答し、冷静に判断できるようになりました。

そして何より、コーディネートに悩む時間の短縮! 選択肢がある程度絞られていると、素早く決断できます。朝がぐんとラクになりました。12着に選んだにもかかわらず、さほど着ない服があることにも気づきました。半年たってもスタメンにこないものは、処分しても後悔することはないと言えます。

身軽に生きる！実践してみよう その2
カバンの中身、スタメン総選挙

これまでのスタメン。
疑惑のスタメンいる？

①

②

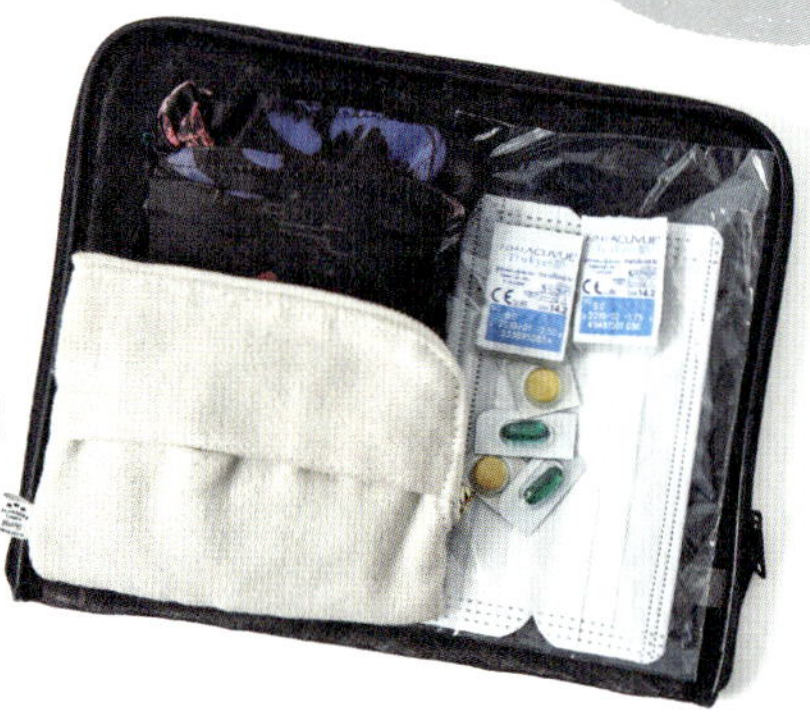

③

④

⑤

⑥

⑦

⑧

もっと身軽に！
もっと持ち物を少なくしたい！

①コスメポーチ（化粧直し用のファンデーションとチーク、リップクリーム、リップグロス、ネイルオイル、目薬）、②名刺入れ（頂きもの）、③メッシュポーチ（常備薬、予備コンタクト、エコバッグ、傷絆創膏など）、④手帳（手帳はこの1冊に）、⑤財布（ARTS&SCIENCE）、⑥鍵（おなかぽこんのデザインがお気に入り。entoanのもの）、⑦携帯電話、⑧ハンカチ（R&D.M.Co）

③のメッシュポーチを見直してみた！

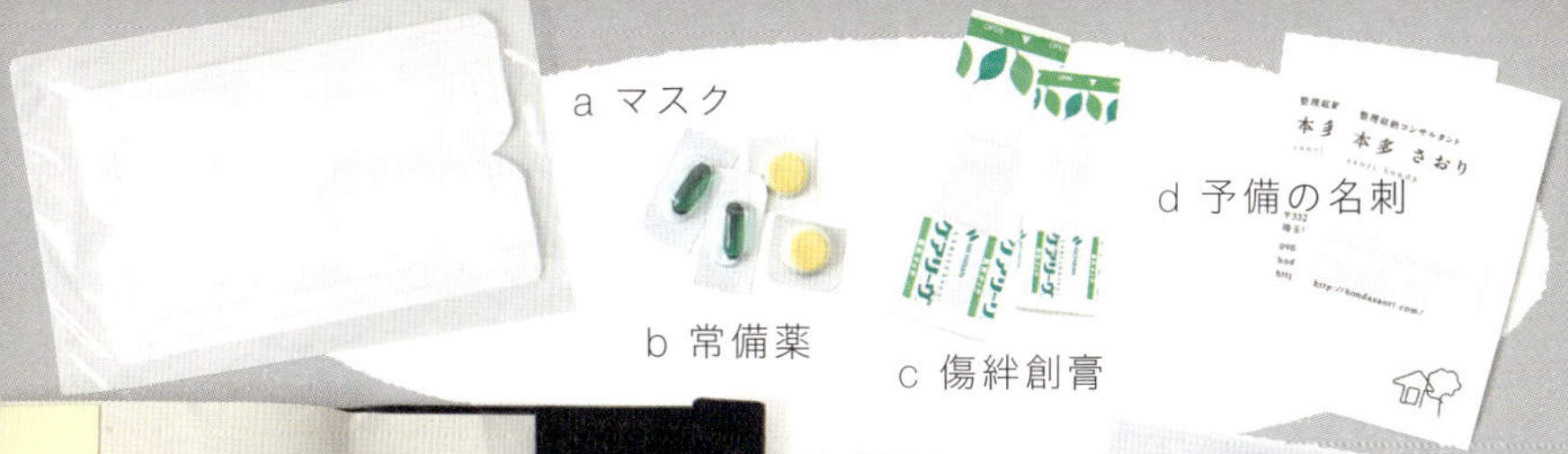

a マスク

b 常備薬

c 傷絆創膏

d 予備の名刺

これを
手帳にはさむ！

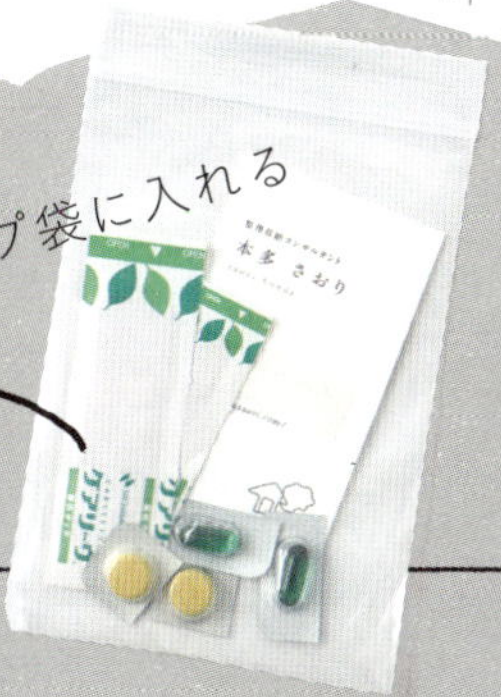

ジップ袋に入れる

①のコスメポーチを見直してみた！

そもそもメーク直しする？
…実際はあまりしない
…粉おしろい使ってみようか？
☞携帯用粉おしろいを
無印良品で発見！

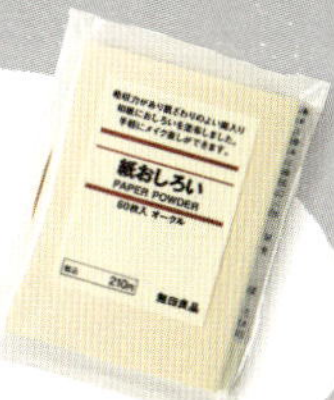

脇に入れるスペースがあって取り出しやすいポーチ

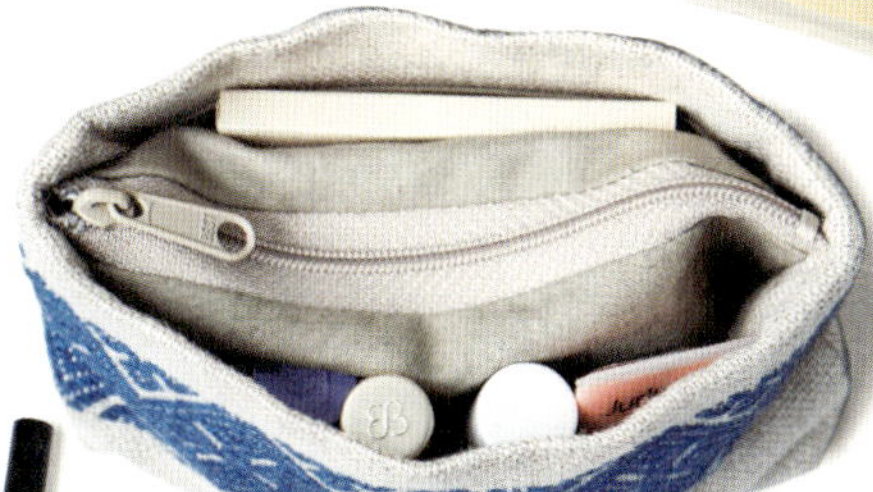

ポーチの中身

粉おしろい、チーク、口紅、リップクリーム、リップグロス、ネイルオイル、目薬

少し身軽になりました。

今のスタメン！

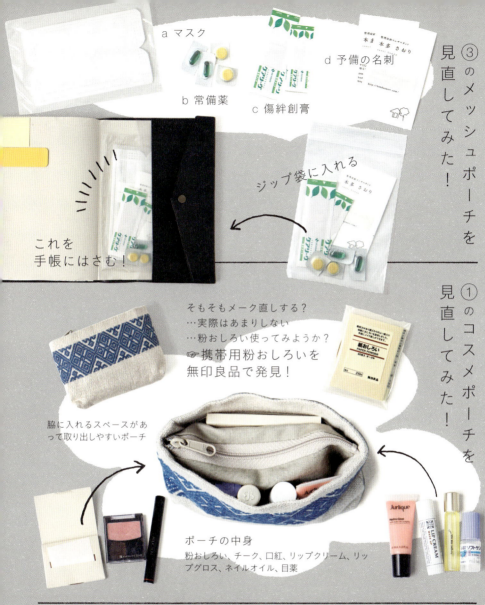

後ろめたくないモノの手放し方

モノを整理しようとする時、「いる」「いらない」までは割合簡単に考えることができます。問題は、「5年も使ってないもん、いらないんだよな」「一度も使ってないよ、なんで買ったんだろう」と、モノと向き合った時に、そのあとどう判断するのか。

「捨てよう」「手放そう」となればモノを減らすことができるのですが、処分対象が多くなると躊躇してしまいがち。考えるのが面倒になって、ついそのまま取っておく羽目に……。

そんな時、選択肢は色々あります。

風呂敷に包んで寝かせる

「お気に入りだけどサイズが合わなくなった」など処分を迷うモノは、とにかく風呂敷などに包んで、包んだ日付を書いて寝かせてみてください。80%の人が、1年以内に中身を処分します。風呂敷を開けた時、中

こんなふうに風呂敷に包んでしばらく置いておく。

身がどんよりしていることを実感するのです。「なんでわざわざ包んで取っておいたのか？」とすら思う人もあれば、包んだ翌日に廃棄した人も。寝かせることで、いらないということがすとんと腑に落ちるのです。

リサイクルに出す

年に2回の衣替え時などに「リサイクルモノを処理する日」として、衣類、本、雑貨のリサイクルショップを1日で回ります。

シーズンオフの衣類を受け付けない店舗もあるので、早めに見切りをつけてシーズン内に持っていくよう心掛けています。

「ご自由にどうぞ」のカゴ

うちでは、誰かに使ってもらえそうなモノは「ご自由にどうぞ」カゴに入れておきます。お客さんや友人が来ると、「使うモノない？」とお伺い。こうした箱やカゴを用意しておくことで、迷ったらココ！とすぐにモノの居場所を作ってあげることができ、散らかりを防ぎます。

開けてもうれしい気持ちにならない、「実は」処分可のモノたち。

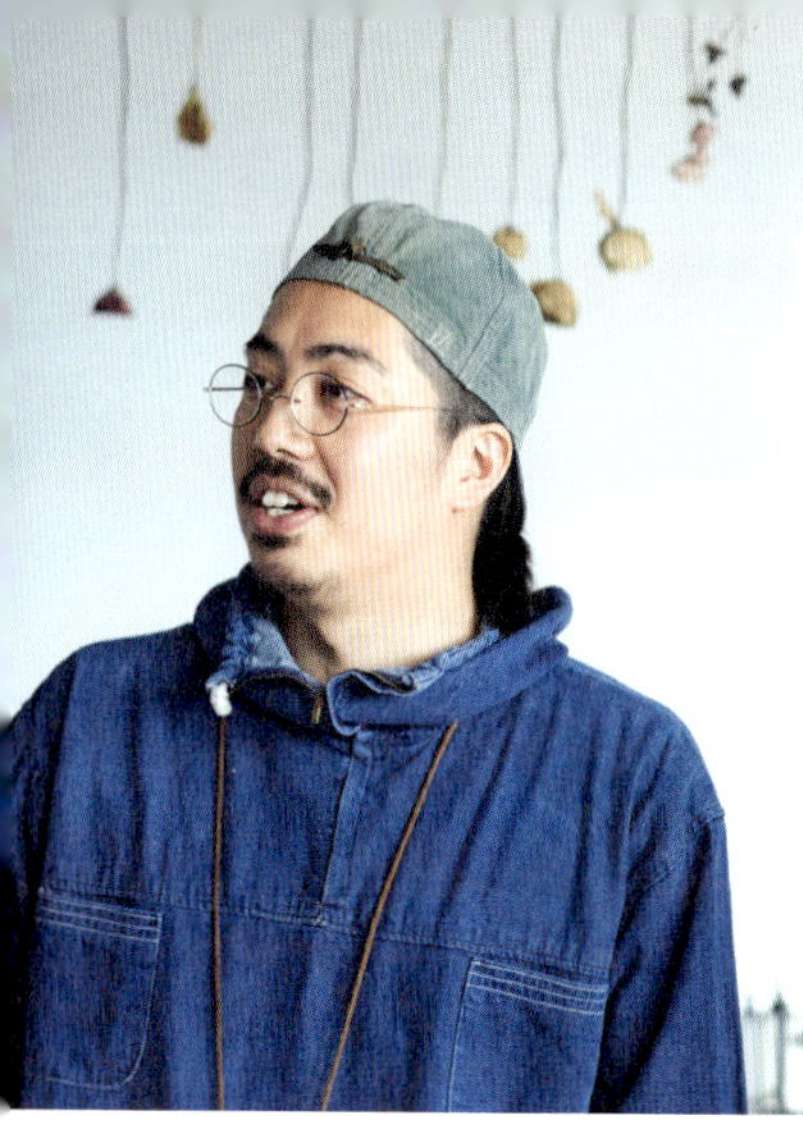

column

気になる方に聞きました❸

櫻井義浩さん

エスペランサ靴学院卒業。セミオーダーで革靴を作るブランドentoan（エントアン）を立ち上げる。全国で個展を開き、受注生産方式で靴を作るほか、大橋歩さんとコラボしたカバン制作など多方面で活躍。「靴とサンダルの中間のような『ストラップサンダル』を愛用しています。キーケースもこちらのモノ。」

Q カバンの中身見せてください

カバンの中身はその人を表す！

①バッグ（エタブル） ②通帳などの入ったポーチ ③パスケース ④自作の財布 ⑤5歳の時から持っている小銭入れ ⑥オリンパスのPEN-FV ⑦リコーのGR

櫻井さんが大切に使い続けているモノは、中学3年生の時に買った黒いレッドウィングのブーツ。当時の流行にのって買ったものでしたが、革の魅力を知る大きなきっかけに。ただ、その頃手入れするということを知らなかったがために、ひびが入ってしまっているそう。

「革は消耗品ではなく、永く使えるもの。いい革であれば使うほど、手入れをするほどに色が変化し、つやが出て、育っていくものなんです」。大人になってから古着屋で買った70年前のブーツは、何日もかけてオイルを染み込ませ、履ける状態に仕上げました。

櫻井さんの愛用品はほかにも、5歳の時から（!）使っている母方のおじいちゃんにもらった小銭入れであり、学生時代から使っているエタブルのハンガーバッグであり、流れる時間とともに大切にされてきたも

Q リピートして使い続けているもの見せてください

A 虹だんご

工房の近所にある不動尊の境内で販売しているおいしい焼きだんご「虹だんご」。ずっとリピーターだったが、ある時、中学の同窓生が後継者となっていてびっくりというエピソードも。「虹だんご」(埼玉県越谷市相模町6-442 TEL 048-988-0248)

相棒兼現伴侶の富澤智晶さんと。

Q これだけは重複買いを許しているというモノを見せてください

人それぞれ無条件に好き、というアイテムがある。

A ワークブーツ

のばかり。

なかでもオリンパスのPENは、欲しくて探していたものが、「それなら多分家のどこかにあるよ」と家族総出で探してくれた、父方のおじいちゃんのもの。もちろん、今とは違ってフィルムのカメラで、その時の光を焼き付けたような写真が面白いのだそう。どの愛用品にも、素敵なストーリーがあるのでした。

モノ持ちがよく、よほど衝撃を受けないと新しくモノを買うことがないという櫻井さん。「モノを修理に出して永く使うことには、買うのとはまた違う喜びがあります。革製品にはそれができるので、その喜びを提供できたら」と話してくれました。

持ち靴の中でもかなりの割合をしめるのがワークブーツ。全部で6〜7足(ほかは雪駄、自作の靴、スニーカー各2)右上のは雨用。気軽に履くときは短いブーツ。

column

気になる方に聞きました④

浅野尚子さん
浅野佳代子さん

東京板橋区にあるギャラリーfu do ki主宰。新しいジャパンスタイルの創造と発見の場として、不定期で展覧会やワークショップ、コンサート等を開いている。お二人は旦那さんがご兄弟という義理の姉妹。www.fudoki.co.jp

お二人の営むギャラリー「fudoki」の展示は、行くたびに何かしら欲しくなる、心に刺さるセレクトです。これまでストール、パンツなど様々ないいモノを紹介していただきました。どれも心地よく使うことができ、なかには買い足したものもあります。

印象的なのは、そのモノが「日常のどんな時に使えて」「どんな風によくて」ということを、実際の〝使用感〟とともに語っていただけること。例えばニットの靴下については、「底の部分は強い糸でできていて穴が開きにくい」「丈夫で気にせず洗濯できる」など、生活に根付いた魅力を教えてくれたり。

世間に溢れる多くのモノの中から、よいモノを選び取る素晴らしいセンス！ そんなお二人に暮らしやギャラリーのことなどをお聞きしました。

いいモノはシェア

正金《しょうきん》の醤油やポン酢は、6本単位で直販で購入し、3軒でシェアしているそう。井上醤油店のトマトミックスソースも、ナポリタンやチキンライスが驚くほど美味しくできると3世帯でご愛用。お二人が「美味し

建築家・中村好文氏による三世帯住宅。尚子さん宅と佳代子さん宅の間に、夫方のご両親宅があり、3軒が縁側でゆるくつながっている。

Q カバンの中身見せてください

普段づかいのカバンはシンプルでも、中身のポーチや小物に“お楽しみ”の表情が。

尚子さん

①バッグ(アーツ&サイエンス) ②扇子(sunui) ③手ぬぐい(sunui) ④サングラス ⑤手帳(ほぼ日。カバーは谷由起子さん)⑥家計用がま口(Cholon＊廃業) ⑦自分用長財布(ANDADURA) ⑧名刺入れ(谷由起子さん)⑨自宅キーケース(Dukri) ⑩パスモケース(PUENTE) ⑪事務所キーホルダー(sunui) ⑫化粧ポーチ(か猫) ⑬キャリコのポーチ(入校章や日焼け止めなど)

佳代子さん

①リュックサック(ノースフェイス。PCの入るタイプ) ②財布(アーツ&サイエンス) ③エコバッグ(中身はお子さんの着替えやお菓子など) ④水筒 ⑤メッシュポーチ(日焼け止めなど) ⑥ポーチ(薬) ⑦扇子

Q リピートして使い続けているもの見せてください

A イソップ A.P.C.の消臭液

佳代子さん

イソップ＋A.P.Cの消臭液…トイレや洗面ボウルに数滴垂らすと、柑橘系の香りが広がりよい気分に。年１本のペースでリピート買い。本多家にもさっそく導入しました。

A 無印良品の重ねて着るTシャツ&調味料あれこれ

尚子さん

無印良品のTシャツ＆調味料…丈や袖の長さ、襟ぐりの開きなどが体型に合っていると、毎年リピートの無印良品のTシャツ。調味料は3世帯とも愛用品がほぼ同じ。茅乃舎のだし、小野田製油所の玉締胡麻油など、いいモノを共同で購入してシェアする暮らしがうらやましい限り。

い！」と話すのを聞くと、それは試さなければという気持ちになります。

モノへのこだわりが具現化したギャラリー

元々tidokiは、義理のご両親が青山で始めたギャラリーでした。10年前現在地に移転し、3年ほど前にお二人に代替わり。昨年企画した展示は、〝子どもがいても好きなモノで暮らせる〟ことをコンセプトにした「こどもとたのしむくらし展」でした。小さな子どもを持っているからこそのお二人の視点。以降、若いお母さんのお客様が増えているそう。

器や革モノなどさまざまな展示を行っていますが、メインとなるのは衣類や布小物などの布モノ。惹かれたモノは海を越えてでも調達に行きます。以前は、6歳の息子さんを連れてラオスの谷由起子さんを訪ね、現地の布工芸品を仕入れてきたそう。

Q

人それぞれ無条件に好き、というアイテムがある。

これだけは重複買いを許しているというモノを見せてください

A

佳代子さん

ピアスと鍋つかみ

ピアスと鍋つかみ…ピアスは選びやすいように布に引っかけて。大好きなモノがいつも目に入るディスプレイにもなっています。

A

尚子さん

花器

3年前からお花を習い始め、ついつい素敵な花器を見つけては購入。作り付けの棚は奥行きが浅く、モノが奥で埋もれません。

また、近々インドへ赴《おもむ》いてキャリコ（綿織布）を買い付けてくる予定だとか。

結婚直後に義理の母とグアテマラ留学をした尚子さんといい、テニスを始めるにあたって「試合に勝つ」ために見つけたコーチがご主人だった佳代子さんといい、とにかくアクティブで能動的なお二人。「いいモノ」への旺盛な探求心がうかがえました。

モノは人生のよき相棒

3

モノが好きだからこそ、
選び抜いたモノと
身軽に生きたい！

モノ選びにルールを

家電、文具、洋服、はては雪かきスコップまで。それら自分の持ちモノを思い浮かべた時、どんな感情がわいてきますか？　もしかしたら、モノが多くて管理しきれていない人ほど、自分の持つモノに対してさしたる気持ちを抱いていないような気がします。

自分にとって、持ちモノが「良きパートナー」「相棒」であると考えてみてください。持ちモノが、必要な時に本当に役立ってくれる頼れる相棒たちだとしたら。彼らが待っていてくれる家は、帰りたくなる家です。そして家に愛すべき相棒がいると思えば、満ち足りて、ムダ買いをする気も起きません。そして相棒ならば粗末に扱わず、永く丁寧に愛用できるでしょう。

反対に、何を持っているのかさえわからないほどモノがあふれていると、それらは相棒ではなく「重荷」になってしまいます。家に帰ってもリラックスできず、満足感を持ちようもありません。そのために、満足を得たくて新しいモノに飛びつき、さらに物量を増やしかねません。

家の中を「相棒だらけの快適な場所」にしておくためには、本当に相棒たり得るモノだけを厳選して家に入れる必要があるのです。

例えば最近、私は黄色い靴下を探していました。この色味の靴下は持っていませんでしたし、鮮やかな色は小物で挑戦したいという思いがありました。自分の持ち服をかえりみても、黄色なら合わせやすいだろうという計算も。

黄色い靴下は、すぐに見つかりました。でもそれは買いませんでした。靴下ひとつにしても、色味・リブの具合・丈・素材など吟味することはいくらでもあります。「これこそがすべての条件に当てはまる私の相棒だ！」と思えるモノは、そう簡単には見つかりません。

「これが相棒だ！」と出会うまでには、暮らしに根付いたモノ選びのルールが必要です。私なりのルールを、七か条にまとめてみました。

第一条

本当の本当に必要かどうか熟考する

モノを買う時のパターンを挙げてみると大きく6つに分類できました。

①持っていなかったモノを買う。0→1へ

②あるけど、買い替える（古いものは破棄）。

③足りないので、買い足す（増やす）。

④食べ物など消耗品をサイクル買い。

⑤必需品ではないものへの所有欲満たし。

⑥人への贈り物など交際買い。

「⑤欲満たし買い」を避けるのはわかりやすい理屈だと思いますが、気を付けたいのは①の時。うちでは、必要と3回感じるまでは新しいモノを導入しません。この湯たんぽブーツも、冷え取りのために欲しいと思ってから購入に至るまで、3回試し履きをさせてもらいました。モノを増やすことへの抵抗と、ブーツの効能を秤にかけ続けた1年間でした。

［クロッツやわらか湯たんぽ／足元用ショートタイプ／ヘルメット潜水株式会社］

第二条
自分にプレゼンする

気になるものに出会ったら脳内会議を開きます。コーヒーフィルターのホルダーを見つけた時も、すぐさま厳しい脳内上司が現われ「本当に必要?」と投げかけてきました。もう一人の私は冷静にプレゼンを開始。『これがあれば、フィルターを遠くの引き出しに置かずにすみます』「ほかにもっと適したモノが見つかるんじゃないの?」『いえ、このようにマグネット式でラックに付けることができ、シンプルでデザイン性の高いモノはこれまで見たことがありません』『毎日のことだから、かなり重宝します』『価格が妥当』云々。

結果、購入が決定。ここまで検討できれば、「ほーら、いらなかったじゃない!」とならないことでしょう。買い物は、プレゼン時間のしっかり取れる時にするべきですね。

[コーヒーフィルターホルダー/TURN(遠藤マサヒロ)]

第三条

過去の失敗を反映させる

写真の3点は、恥ずかしながら私の失敗の買い物です。モンベルのラップスカートは、「スポーティでアウトドアにも使えそう」と購入しました。けれどももともと、私はスカートを履かない人間なのです。くるくるドライヤーは「寝癖用に」、ＢＢパウダーは「化粧が面倒な時用に」と購入。でも結局、寝癖がつけば髪をまとめてしまうし、化粧が面倒ならまったくしないのでした。

　いずれも、自分の性格や習慣と合わなかったモノ。そしてほかに使い回しがきかない、限定的な用途で買ったものでした。

　どんな場合に失敗をしたかをきちんと把握し、同じ過ちを繰り返さないようにしたいと思います。そのためには、失敗はきちんと認めて、見て見ぬふりをしないことが大切です。

第四条
さまざまに使い回せるモノ

例えば、年に数回しか海に行かない人が「海用のバッグ」を持つとどうなるでしょうか。1年のうち360日以上、そのバッグはただスペースをとっているだけの役立たずになってしまいます。出番が少ないために忘れられて、結局海に連れて行ってもらえない危険性も。

でもここで、それが町でも、スーパーでも、収納用品としてでも使い回せるような機能とデザインを持ち合わせたバッグだったとしたら。同じ「バッグ」と呼ばれるものでも、その働きぶりには天と地ほどの差があります。

バッグに限らず、そんな働き者はシンプルな形状であることがほとんど。環境が変わっても使い回せて、生活スタイルが変わっても使い回せて、永く愛用できるモノたち。選ぶ時は、そんな頼もしい相棒を見つけたいですね。

［メキシコ製のメルカドバッグ（ビニールで編んだ買い物バッグ）／TLACOLULA（トラコルーラ）］

第五条 自分の消費量を把握する

ドレッサーに、化粧品を山ほど抱えている人がたくさんいます。見ると、封を開けて半端に残っているものばかり。古びた化粧品を素肌につけるのは、嬉しいことではありません。この災難は、「新製品を試したかった」「お買い得だった」などの〝所有欲満たし買い〟が元で起こりました。家にどれだけ化粧品を残しているのか振り返っていないのです。

　大切なのは、自分がどれくらいのスパンで化粧品を使い切るのかを把握すること。私は開封した月日をラベリングすることで、「〇カ月で1本」と把握し次の準備をします。

　食料品も同じで、消費量を超えて買い物をすれば余らせて期限切れが続出するのは当然です。自分の消費量を把握して、計画的なサイクル買いを心掛けましょう。

第六条 モノ選びのセンスを磨く

いいモノを見つけるセンスの高い、優れた審美眼の持ち主に憧れます。そして審美眼とは、鍛えられるものだと思います。

まったくモノに頓着《とんちゃく》せず、適当に買っては失敗していた過去を持つ私は、今が発展途上の段階。よく目を鍛えに赴《おもむ》いているのは、デパートのリビングフロアです。時間を見つけては、ハンターのようにモノを物色。なかでも部屋着のコーナーは必ずチェックします。値の張るいいモノを部屋だけで着るなんて、なんだかすごく勇気のいること。でも考えてみると、毎日長時間着るものだからこそ、着心地のいいモノがいいに決まっています。

いつか選ぶ実力と勇気を得た時……その時まで地道に部屋着を見て回り、見る目を養いたいと思っています。

第七条 少しだけ背伸び

品質も機能もよく、デザインも気に入るとなれば、そのモノが高額であることは少なくありません。それでも大事に、幸せな気持ちで、永く使えることを考えれば、未来への投資と思えます。身の丈を超えすぎる買い物はできませんが、いいモノと永く付き合っていける大人になりたい。少しの背伸びはその訓練でもあります。

高価なものを買うときは、いつも以上に慎重になります。じっくりモノと向き合い、ムダ買いにならないよう、熟考するでしょう。そして買ったモノを永く使えるとしたら、出費の総量はさほど高くないと思います。安価なものを大量消費した方が、むしろコスト高である可能性も。

写真は、清水の舞台から飛び降りる覚悟で買ったアーツ&サイエンスのワンピース。幸せな服は、ハレの日もケの日も毎日着たい服。そして、毎日着ても同じ服と思われないような表情を持つ服。シルエットが美しく、シンプルなのに飽きさせない服。

払った額が大きくて正直苦しかったのですが、その着心地、デザイン、手軽に洗える機能性ともにパーフェクト。着るだけで嬉しくなり、まさに、日常のうっとりに貢献してくれているのです。

第八条 旅先での一《いち》期《ご》一《いち》会《え》

ブローチ｜松本
この地を訪れた時には必ず寄る雑貨店「coto.coto」にて。シンプルだけど面白い表情、落ち着いた色味が気に入っています。

オブジェ｜松本
長野県松本市「10cm」で一目ぼれして購入。小さい我が家でも場所を選ばず、どこにでも置ける小さなオブジェ。

ブローチ｜名古屋
名古屋の雑貨店「mokodi」で出会ったさりげなさのあるクロス。何にでも合わせられそうと思って購入し、実際に一番活躍しているブローチです。

暮らし好きの私にとって、旅とは、いつもと違う場所での衣食住を楽しむものです。そして、旅先で暮らしのモノを見つけるのもまた、喜びのひとつ。旅先で得たものは、その時の思い出も連れて帰ってくれるので、愛着もひとしおです。

いいモノとの一期一会を逃さないために、日ごろから気になる店舗情報や作家さんの情報をストックするようにしています。

照明｜芦屋

以前から気になっていた兵庫県芦屋市の照明店「flame」。実際に作品を見てみたいと思い、訪れました。手作りだというガラスが涼しげで、お気に入りです。コードの長さも調整してくれるのでありがたい。

間接照明｜福岡

「krank original lamp」古い部材を組み合わせて作られたランプ。福岡にある憧れのお店に、念願叶って行ってきました。ずっとほしかった読書用のランプ、ソファの上に設置。

ドアの一輪挿し｜福岡

飛行機の時間まで、と偶然立ち寄った福岡の雑貨店。木製の一輪挿しながら、マグネットがついているため「玄関ドアにつけられる!」と購入。マグネットのつく場所であればどこでも、気軽に設置できるのが嬉しいです。

とある1日の、モノと暮らし

フリーランスで働く私には、定時がありません。時間の使い方はいつでも自由という状態は、意外と管理が難しいもの。木曜日は「運動の日」と決めて、2つの習いごとを設定し、その隙間時間に仕事や家事をすることにしています。ただ漫然と過ぎがちな1日でも、「隙間時間」が出来たとたんに雑務や業務に没頭できるから不思議です。このページでは、そんな「運動の日」の暮らしとモノの関わりを見つめなおしてみました。

am 6:00
起床

目覚ましはスマホのアラームを使っていて、枕もとの時計はパッと見て時間がわかるように置いています。夜中目が覚めた時なども、確認しやすい。

掛け布団(ニトリ)だけ畳みます。布団(無印良品)を押し入れにしまうのは、夫の役目。替えのシーツは持っていないので、晴れの日は洗濯チャンスです。

前夜にといでココット鍋（ストウヴ）にセットしておいたお米に点火。強火で10分、蒸らし10分。

am 6:05

炊飯&カーテンを開ける

カーテン（無印良品）と窓を開けて朝の空気を入れこみます。

トイレに行ったついでに、アロマランプ（マークス&ウェブ）にミントのアロマオイルを。

冷蔵庫から材料をすべて出して並べます。保存容器（ジップロック、ニトリ）に下ごしらえしたものを入れておけばスムーズ。

am 6:10

夫のお弁当作り

am 6:15
スムージーづくり

野菜室からほうれん草など野菜を出します。バナナやキウイなどの季節のフルーツとともに。

材料をカットし、豆乳、はちみつを入れてミキサー（無印良品）に入れます。

もう丸2年続いている朝の習慣。さぼる時もありますが、始めてから夫婦そろって肌の調子が違います。

洗剤と水を少し入れてすすぐと洗うのが簡単に。

am 6:45
ラジオをつける

夫が起きてくる時間に合わせてFMをかけます。テレビのない我が家ではラジオ（CDプレーヤー／無印良品）が大活躍。

am 7:00

朝食

夫の朝食をテーブルに。食べ終わった夫を送り出したら、食器を片づけ、自分も朝ごはんを。

am 7:45

掃除

午前中陽があたり、布団を敷いた後のほこりが目立つ寝室にさっと掃除機（ハンディクリーナー／マキタ）をかける。余裕があればトイレ掃除も済ませます。

am 8:00

ホッと一息タイム

ハンドケア用品を入れるために購入した帆布のボックス（ateliersPENELOPE）。使わないときは平らにして収納できます。ハンドケアを思いついたらすぐにできるように、テーブルの上に。

片付けた部屋でホッと一息タイム。コーヒーを飲みながら、新聞（SANKEI EXPRESS）や雑誌を読む。

am 10:00
午前中の仕事

メール返信など、午前中の事務仕事にとりかかる。(Zライト／山田照明)

小さな机なので、置くのはPCとマウス、コーヒー（マグカップ／イイホシユミコ）だけ。

家に入ってきた書類を処理。（シュレッダー／アイリスオーヤマ）

am 10:50
着替え

ジムウェアに着替え。着ていたパジャマ（部屋着・PRISTINE、無印良品など）を一時置きBOXへ。

am 11:00

お出かけ準備

化粧は面倒なので、いつも
ギリギリになりがち……。

荷物の準備。午後は喫茶店で仕事をするので、PCや資料も持ちます（バッグ左）。ライムグリーンのトート（みつばちトート）には財布や携帯。ジム用のバッグにはシューズ、水筒、着替えなどが。合計3つのバッグを持ってGO!

行ってきます！

am 11:20

荷物の準備

am 12:00

加圧式トレーニング

週に1度の加圧式トレーニングに励む。体力増強！ その後着替えて移動。

pm 1:15

喫茶店で昼食と仕事

帰り道にある喫茶店で仕事（平均で2時間は滞在）。昼食もここで。

pm 4:45

洗濯を取り込む

いったん帰宅して、洗濯物（アルミ角型ハンガー・無印良品）を取り込みます。

pm 5:30

ヨガ教室へ

自転車でヨガ教室へ。サイクリングも運動。

pm 7:20

帰宅&夕飯づくり

下ごしらえのストックを利用しつつ、ダッシュで夕飯づくり。（弁当を買って帰る日もあり）

pm 8:30
夕ご飯

夫の帰宅を待って、夕ご飯。(ランチョンマット 麻平織自由に使える布 ダークグレー／無印良品)

pm 9:00
食後の一服

食後の一服。今日あったことなどを話しながら。

pm 10:00
入浴

入浴は、30分以上をかけてゆっくり。(モミ バスミルク／WELEDA)

pm 11:00
就寝準備

iphoneで簡単にメール返信することも。(ワイヤレス キーボード／アップル)

pm 11:30
アロマを焚いて

就寝前にアロマを焚いて(超音波アロマディフューザー／無印良品)、ストレッチをしておやすみなさい……。

愛すべき〝実直な〟働きモノたち

「働くために生まれてきました」といった趣《おもむ》きの、デコラティブな要素を一切持たないプロダクトに惹かれます。機能性を重視した〝デザインをしすぎないデザイン〟のモノです。料理が好きではないのに、キッチンツールは大好きという理由はそこにあります。機能を追求し、機能美に満ちたキッチンツールたちが、私をどうにか調理に向かわせてくれているといっても過言ではありません。とくにステンレスのものには魅了されます。その丈夫さ、軽さ、愛想がないのに美しいたたずまい……。

売り場で目立つための無駄な装飾を施《ほどこ》していないモノからは、実直さすら感じます。

私はモノを選ぶ時、作っている人のことを考えます。使う人のことを考えて作られたモノからは、魂を感じます。何かを一筋に作り続けてきた人のモノからも、愛や信念を感じることができます。

「とにかくいっぱい売ろう！」と考えている売り手には不信感が。薄利多売のモノより、手間とコストをかけてきちんと作られたものを永く愛用したいと思っています。

5年
ストウブの鍋
8年
片手鍋
(夫独身時代からのもの。
ドイツ製"BEKA")
4年
木印のまな板
5年
グローバルの包丁

愛すべき実直なツール

その1 キッチンツール

ゴムベラ

福岡のキッチン用品専門店で見つけました。持ち手がステンレスで、軽くて丈夫なのが肝。ゴム部分が外れるタイプのものは洗うのが面倒なので、一体型なことにも助かっています。これが家に来るまでは、ポタージュをすくいきれずに鍋に残してしまっていたので重宝しています。

シリコンスパチュラ／RÖSLE（レズレー／株式会社サンテミリオン）

トング

サラダを和えたり、パスタをつかんだり、炒め物を盛りつけたりと、菜箸より確実にガバッとつかめるトングは私のキッチンに不可欠な存在です。金物屋で見つけたこのトングは、おしりの輪を引くと閉じて、吊るすことができるので収納に便利。デザイン性の高いトングも持っていますが、大きく開くこちらを頻繁に使っています。

18-0フックストッパー付万能トング（業務用）

小鍋、まな板など、基本的に各アイテムを一つずつそろえる台所用品。

計量スプーン

新潟のキッチン用金属製品メーカー「工房アイザワ」の計量スプーン。柄《え》が長いので、カトラリー立てに入れても埋もれません。柄の中央に長い穴があけられていて、狙いを定める必要もなくホイッとフックなどに引っかけられるのも肝。さまざまな“便利”の可能性に満ちています。

計量スプーン 15cc、5cc／工房アイザワ

焼き網

いつも、かゆい所に手が届くようなモノをくれる友人からの贈り物。焼き網の、“じっくり”パンやお餅を焼こうという豊かな感じが好ましい。焼き加減を見、パンの香りをかぎつつ、焼き上がりを待つ時間の幸せなこと！気になっていたけれど自分で買うには一歩及ばず、というツールだっただけに友人のセンスに感謝しています。

手付きセラミック付焼き網／金網つじ

愛すべき実直なツール
その2
アウトドア用品

アウトドア用小鍋

2人分の味噌汁を作るような小鍋を買おうかなと、検討したことがありました。でもゼロから1の時の買い物は特に慎重にする必要があります。よくよく考えてみると、「キャンプで使っているアウトドア用の小鍋があるじゃないか！」と気づきました。

必要と思ったモノを、すでに家にあるモノでまかなえた時は快感です。これで、この鍋をさらに働かせることができ、不要なモノを買うコストとスペースを割かずに済んだのですから。

めでたくこの小鍋はラックの上の方から、コンロのすぐ近くという収納の特等席に降りてきました。使ってみれば、十分に事足ります。野外で使えるものは当然、屋内でも役に立つのです。

ライテック トレックケトル＆パン／PRIMUS（プリムス）

便利なミニテーブル

折りたためて、軽くて、持ち運びに便利なアウトドア用のミニテーブルは家の中でもさまざまに活用できます。普段は、調理中にモノを置くためのサブテーブルとして利用。また、お客様が大勢来たときはテーブルに連結。ベランダでビールを飲む時も、ほいほいとこのテーブルを出します。時には、アウトドア用のコンロを乗せておにぎりを焼いたり。
小さいころから、おままごと遊びが大好きでした。考えてみるとアウトドア生活というのは、環境から整えて生活をしてみるリアルおままごと。そこで使う用品は、生活に持ち込めるはずのモノなのです。

Myテーブル竹／スノーピーク

愛すべき実直なツール
その3
身の回りのもの

財布

以前は、「ZUCCA」の二つ折り財布を使っていました。収納力があり、少ないアクションで取り出しやすい点で気に入り、結局8年もその財布を使い続けました。ところが同じモノに買い替えようとしたところ、そのモデルが廃番に。二つ折りでお札入れがセパレートになっているものを探し、「アーツ&サイエンス」で発見しました。カード入れが4部屋あり、用途で分類できるところが気に入っています。

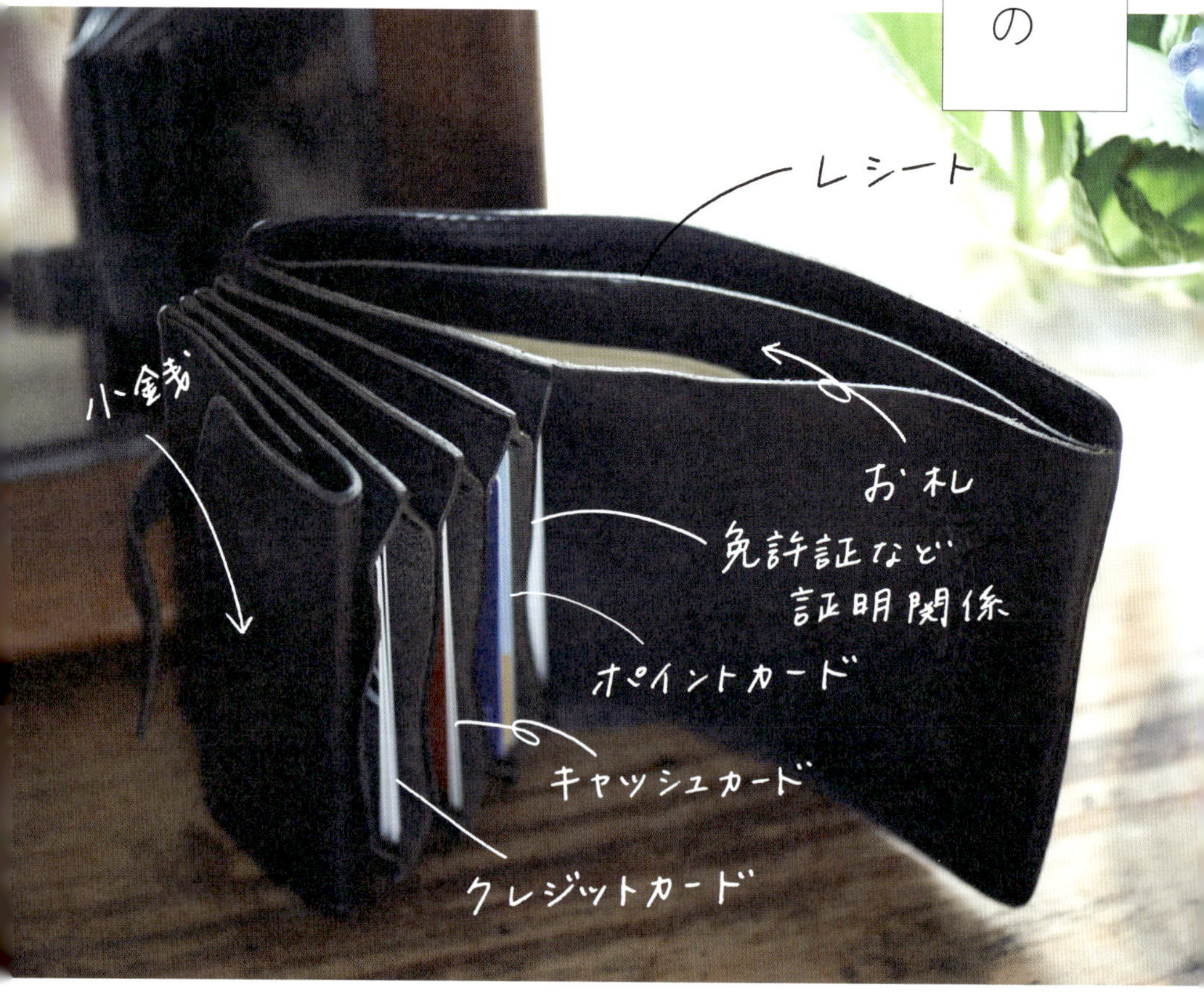

ネクタイハンガー

今年発売された無印良品の新商品の中で、一番ぐっと来たのがこのネクタイハンガーでした。世に数多あるネクタイハンガーは、かけづらく、取りづらいものがほとんどです。収納サービスのお客様からも、「いいネクタイハンガーはないか」とよく聞かれていました。こちらのハンガーは、上からかけるだけ、下から引き抜くだけ、といたってシンプル。親切過ぎず、細かすぎず、潔ぎよさを感じる形状です。ネクタイだけでなく、スカーフやカバンなど何でもかけられる汎用性の高さに可能性を感じます。

わたし、これに弱いんです

モノが大好きな私ですが、
とくに〃弱い〃ジャンルがあります。
モノそのものの魅力も大きいながら、
並べてみると、暮らしの中で
自分が何を大切にしているかが
浮き彫りになる気がします。

clock 壁掛け時計

PACIFIC FURNITURE SERVICEのWALL CLOCK。

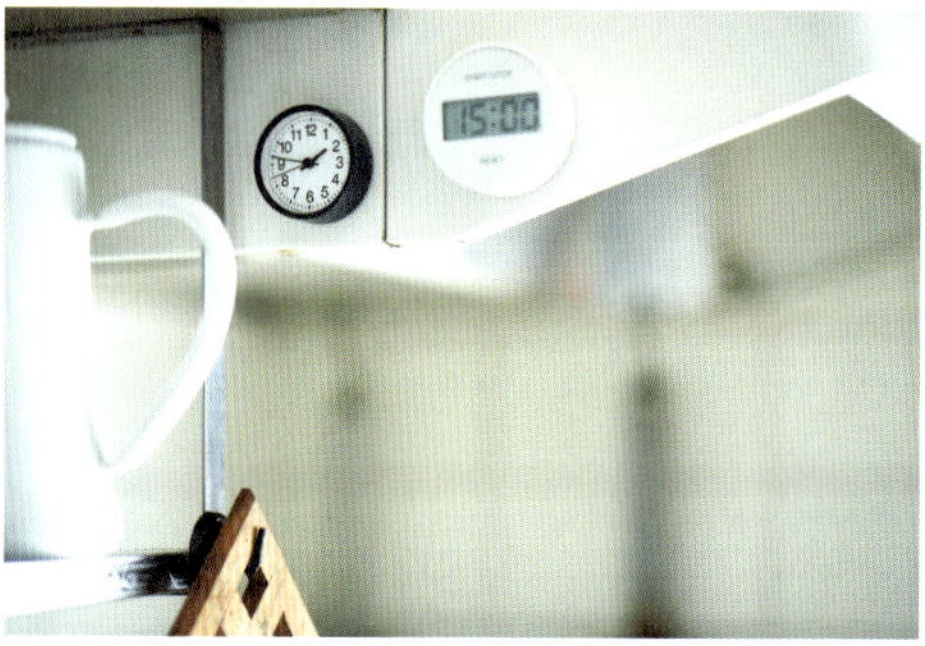

マグネット付の小さな時計。キッチンのレンジフードにつけており、朝の調理中などパッと時間を確認できて便利です。無印良品の時計は、「公園の時計」「駅の時計」シリーズを出しているように、ユニバーサルでとにかく見やすいデザイン。

時計のフォルムが大好きです。針と文字盤のシンプルな、「時間を伝えるために生まれてきました」という実直な存在感。特に、駅や学校など公共の場に置かれているような「見やすさ重視」の時計に惹かれます。

「chikuni」のアルミの時計。名古屋の雑貨店「sahan」で一目ぼれして購入しました。今はトイレにありますが、いつか引越しをしたらきちんとお部屋に飾りたい……。

コーヒードリップグッズ
Coffee

コーヒーは、挽《ひ》いて淹《い》れたい。なぜなら、豆を挽いた時の、部屋中にアロマが充満する瞬間がたまらないからです。香りとともに、幸せに満たされます。そのためのミルはカリタのもの。元は業務用のモデルだっただけあり、機能性と無骨なルックスが頼もしい。

コーヒーミル
新婚当初に買ったもの。挽きたての豆はやっぱり美味しい！
ナイスカットミル／カリタ

豆入れ
ふらっと入った雑貨店で一目ぼれ。珪藻土の保湿性で、豆の保存に◎
フードコンテナ スクエアM／ソイル

お手入れ道具
コーヒーミル周りに散ったコーヒー豆をこれでお掃除。
テーブルブラシセット／イリス・ハントバーク

ハリオのドリッパー、結婚祝いにいただいたコーノのサーバーと月兎の琺瑯ポット。なくてはならない日々の相棒たちです。

pouch ポーチ

ポーチは、モノをまとめて収めるためのものです。それも用途に応じて、いろんなまとめ方が可能。ポーチ自体もサイズ、素材などそれぞれの求める機能に応じてさまざまな種類が存在します。カラビナがついていたり、撥水加工がされていたり、まちがあったり、裏にティッシュケースがついていたり……。収納やカバンの中を使いやすくする、無限の可能性を感じます。

中身の見えるメッシュポーチは万能ですが、可愛いテキスタイルのポーチにも惹かれます。柄ものも、服と違って布面積の小さいポーチなら気軽に楽しむことができます。

写真上段から…柄ポーチ(フランスみやげ)／kotaポーチ(SyuRo)／メッシュポーチ(無印良品)
下段…ティッシュケース一体型布製ポーチ(フランダースリネン)／革製ポーチ(アーツ&サイエンス)／こぎん刺しのポーチ(民芸品)

手紙グッズ
Letter

手紙を頻繁にくれる親友のおかげで、最近は便箋や封筒にも興味が湧いて、徐々に集め始めました。
メールに比べると、手紙は物理的にも心にもしっかりと残ります。読んだ後はノートに貼って、時折まとめて読み返すのが私のお楽しみ。友人の変遷と同時に、彼女の目を通しての自分の変遷も現れていて面白いのです。

私は筆不精で彼女ほど長い文章を頻繁に書けないのですが、一筆箋を買って無理なく返事ができるようになりました。仕事上でも書類につけてお礼をしたり。最近は手紙の書き方本を買って、文例などを参考にしています。相手を思いやる手紙をさらりと書ける大人になれたらなあと、思います。

＊参考『できる大人のひとこと手紙』（むらかみかずこ／高橋書店）

憧れ対談

無印良品 商品部に 行ってきました！

私が思う無印良品の魅力は、使う人それぞれが〝いいように〟使える、シンプルで汎用性の高いデザインです。「これがいい」という押しつけ型ではなく、「これでいい」という消費者目線の商品。いったい、どのように数多くの商品が生み出されているのか？　想いあまって、開発担当の方にお話を伺ってきました！

本多さん　このアルミハンガー（写真左）を見た時は、「よくぞ作ってくれた！」と感動しました。すごくシンプルな形状なのに使う人がそれぞれの使い方を具体的に思い浮かべられる。無印さんの商品にはそういうものが多いと思います。開発はどういう形でされているんですか？

日高さん　世間にある商品をたくさん見て、「これをもっと使いやすくできないか？」と社内で案を出し合うんです。最初はこんな針金を曲げて、簡単な試作品を作ってみて。これならネクタイだけじゃなく、帽子やスカーフもかけられるんじゃないかと。

本　針金で試作！　これまで世にあったネクタイハンガーって、使いづらいというだけでなく、〝ほかに使い道がない〟という欠点もあったと思うんです。

日　ワイヤークリップ（写真右）にしても、「こう使って」と断定して販売している

本多さんが惚れ抜いた無印良品の製品たち

アルミハンガー
ネクタイ／スカーフ用
約幅7×高さ23.5×奥行5cm
400円

ステンレスひっかける
ワイヤークリップ　4個入り
約幅2.0×奥行5.5×高さ9.5cm
400円

㈱良品計画生活雑貨部ハウスウェア担当MD開発・日高美穂さん

わけではないんです。使い方が限定されるものは、作らないようにしています。するとお客様が、こちらの想像以上にいろんな用途で使ってくれて、商品を育ててくれるんですよね。

本　無印良品さんは、実際の使用者の「こういうのがほしい」という声を吸い上げるシステムがすごいですよね。

日　つくり手と店舗がダイレクトにつながっている強みです。開発担当者でなくても、一般のスタッフがお客様の声を吸い上げて開発に携われる仕組み。「くらしの良品研究所」というサイトでも、みなさまのリクエストを受け付けています。あとは様々な家庭の様子を観察して、何に困っているのか、何をどう使っているのかを見ることも。例えばラップケースは、置き場所に困っている人がいたので、マグネットをつけて冷蔵庫にくっつけられるようにしました。昔の商品もブラッシュアップして、より便利に使えるように改良を重ねます。

本　「もっと使いやすくするには？」と試行錯誤を繰り返しているからこそ、無印さんの商品はどれも使いやすいんですね。

日　実は以前は、世にほかにある商品から色を抜いただけ、という時代も一時ありました。塗装工程を省けば、コストだけでなく環境への負荷も減らすことができます。でも、省くことだけでなく、必要なものはつける。今は、無印良品が「やるべきもの」と思うことをやるようにしています。どうでもいい些細なこと、でもそここそが、〝かゆいところに手が届く工夫〟だったりする。使ってみて初めて「これは便利」とわかるような、細かいことにこだわっています。

本　なるほど…！　それでいて、その余計なものは省くというところが使いやすさと見た目をさらによくしていますよね。

日　ワイヤークリップは、「洗濯ばさみでお菓子の袋を閉じてる人がいる」「プラスチックだと劣化しやすいよね」というところから開発が始まりました。

本　そんな〝ちょっと残念な家庭あるある〟から商品開発がスタートしたりするんですね。

日　そう。ちゃんと生活のじゃまにならないデザインで、丈夫なステンレスで…と考えていて、途中で「引っかけられたらなお便利じゃない？」とフックがついたんですよ。

本　最初から引っかける目的があったわけじゃないんだ！　あとから足された機能だったなんて…ファンとしてはこの裏話、嬉しいです。

取材を終えて

無印良品の「ちょうどいい親切さ」が生まれるまでには、地道な試行錯誤と、〝無印良品がやるべきこと〟という判断基準があることを知りました。使い手のことをとことん考えている作り手だと実感し、信頼感がさらに大きく。今後どんな商品を作ってくれるのか、とても楽しみです。

うーん！さすが
無印良品！

新潟にモノづくりの魅力をたずねて

その1

F/style
（エフスタイル）さん
新潟市

さまざまなお店で「いいな」と手に取ってみると、エフスタイルの商品であることが多々あります。パッケージやデザインはシンプルで控えめながら、モノそのものの品質の良さが際立っているのです。

おせっかい問屋

エフスタイルの仕事は、地元新潟や国内の製造業者と一緒に商品を開発し、製造業者の作ったその商品を消費者に流通させるまでを一貫して請け負うこと。

おふたりをこの仕事に行きつかせたのは、「モノが作られて、使われるまでの間に感じる違和感」でした。

エフスタイル　五十嵐恵美、星野若菜、ともに新潟生まれのユニット。東北芸術工科大学を卒業した2001年春、新潟にて「エフスタイル」を開設。「製造以外で商品が流通するまでに必要なことはすべてやってみること」をモットーに、デザイン提案から販路の開拓まで一貫して請け負う。伝統産業と「今」を結び、使い手へと商品を届けている。

一度履いたらやめられない、リピーター続出の「ゴムが入っていない、ふんわりしたはき心地の靴下」（1,296円～ 新潟県五泉市 くつ下工房）

星野若菜さん（左）と五十嵐恵美さん。ふたりの夢は、引退したら“今までにないタイプの”スナックを開くこと。行きたい！

メーカーが商品を考えて、製造業者に作らせて、売れ残ったらセールや返品。しわ寄せが、みんな製造業にいくようになっているのです。

　このシステムにのらなくても、自分たち発の商品を作って売ればいい。その方法を示し、行動を起こしてもらう〝着火マン〟であり、〝おせっかい問屋〟なのがエフスタイルです。

　とはいえ驚くことに、おふたりが製造会社を探して商品企画を持ちかけたことは一度もないとか。すべてが「ご縁」で、相談を持ちかけられるところから始まるそうです。

「自分たちのブランドを広げて、という考えはないんです。とにかく、今やり取りをしている作り手がきちんと従業員分のお給料を払えるように、きっちり回すのが私たちの仕事。また、買う人の身にもなって、平等になるように価格を考えます。自分が買うとしたら？を常に意識して」。

　地に足の着いた芯のある考えをもって、貴重な伝統産業の助けとなっているおふたり。意外だったのは、〝この産業の歴史〟や〝苦難の状況〟といったストーリーでモノを売るつもりがないということでした。

「もちろん地元のよい技術や産業を継続させる一助になればという思いはあります。が、どんなに背景があっても100円ショップのモノの方がよければ、そっちでいいんです。薄っぺらいコンセプトでやるくらいなら、エフスタイルはやめます。ちゃんと買う価値のあるモノを相応の値段で、演出することなく『必要であればどうぞ』とおすすめしたい」。

倉庫兼品出しスペース。製品は行李に入れて保管する。

欲張らないで

「人は、欲張ることなく身の回りのモノを摂取していれば、平和に生きられるはず」というお話が印象的でした。「限られた中でベストを尽くすことが、継続に力を与える」「本当に必要なモノは、不思議と寄ってきてくれる」、と。

　私は〝たくさんほしい〟欲はないけれど、たくさん〝見たい、行きたい〟という経験に対する欲求は強い方。「その時の縁に素直に」というお二人の言葉が、心に残りました。

F/style
新潟市中央区愛宕1-7-6
TEL 025-288-6778
メール mail@fstyle-web.net
http://www.fstyle-web.net
ショールーム開店⇒月・土曜日の11時～18時
＊出張も多いため臨時休業する場合もあります。遠方の方は電話かメールで事前にご確認ください。

新潟にモノづくりの魅力をたずねて

その2

snow peak
（スノーピーク）さん
三条市

スノーピーク　新潟県三条市に本社を置くアウトドア総合メーカー。1980年代に現社長山井太氏が世界にさきがけて「オートキャンプ」を提案、人気を博す。以後、自らもユーザーであるという徹底した顧客本位の視点から、自分たちが本当に欲しい製品だけを作り、全国にファンを広げていった。「人生に野遊びを」をモットーに、本社にキャンプ場を併設するなど幅広く展開している。

社内はフリーアドレス。カスタマーサービスがお客様の電話を受けているすぐ後ろで、その製品の開発者が（耳をダンボにして）座っていることも。

初めて買ったスノーピークの製品は焚火台でした。買う時受けた説明は、その焚火台が地面や芝を傷つけることなくアウトドアの醍醐味である火を楽しめること、丈夫で一生の相棒として使えること、キャンプ道具は思い出を刻みながら一緒に歩むものであることなど、会社の熱意がそのまま伝わってくるものでした。

作り手であり、使い手

創業当時は金物問屋だったスノーピーク。現社長が東京での会社員生活から地元三条へ戻ってきた時に「大好きなキャンプをしたいけど自分が欲しいと思う道具がない、では自ら納得のいくものを作ろう」とコスト度外視でデザイン性が高く、丈夫で雨漏りしないテントを開発。当時1万円台のテントが多い中、価格はなんと16万8千円。発売当初売れないだろうと周りから言われたテン

燕三条地区の鋳物成形技術だからできた、軽くて薄い「コロダッチ」(5,670円)。地元のプロの職人とモノづくりができる恵まれた環境。次にほしいスノーピーク製品は、これです。

トは初年度に１００張も売れました。いいものであれば欲しいという人は必ずいる。それに気付いた瞬間でした。

社員は全員、本当にアウトドアが好きな人ばかり。実地のフィールドで過ごす中で、「こんな製品があれば」というアイデアが浮かんでくるとか。

スノーピークのモノづくりでは、開発担当者が企画・デザインからコスト計算、製品の量産化まですべてを担当します。開発課の小林さんは、「元の職場は分業のため、自分の元を離れると販売される頃には違うモノになっていることが多々ありました。ここでは最初の企画から製造まで自分が責任を持ったまま進められるので、〝自分の作りたいもの〟〝世に必要だと思われるもの〟と企画した源流がぶれないんです」と話してくれました。

お話を伺った、企画本部サービス課マネージャー伊豆昭美さん(左)と企画本部開発課マネージャーの小林悠さん(右)。

頼もしきアウトドア先輩

スノーピークの徹底した品質のよさとユーザー目線の使い勝手、シンプルで機能的なデザインにはコアなファンがたくさんいます。なかには、「この製品を開発したのは○さんだろう」とわかるユーザー様もいるとか。それは、作る人の個性が商品に現れているからであり、作り手と使い手の距離が近い「人の顔が見える会社」である証しだと感じました。

まだキャンプ初心者の私ですが、百戦錬磨のアウトドアの達人たちが〝使えるモノ〟と生み出してきたツールを持っていると、頼もしい先輩方のサポートがあるようで心強く感じます。

今後は、都市部に住む人が近所の公園やベランダを楽しむ〝アーバンアウトドア〟の提案もしていく予定だというスノーピーク。気軽な野遊び用のツール、ぜひとも見てみたい！

スノーピーク
新潟県三条市中野原456
TEL 0256-46-5858
http://www.snowpeak.co.jp
約5万坪の本社にはスノーピーク全製品を扱う直営ストアとオートキャンプ場を併設。また、全国に直営店やインストアショップなど店舗展開している。＊本社オフィスは見学可能(予約不要＊開催時間HP参照)

ただいまリピート中！

マスキングテープ マットホワイトと アクリルテープ ディスペンサー

保存容器の中身などをメモしたり、封をとめたり……セロハンテープのような感覚で使っている。(カモ井加工紙／151円)
マスキングテープにサイズがぴったり。カットしやすく使いやすい。(無印良品／126円)

コットンの ルームシューズ

収納サービスのお客様宅用に。他のものも使ったが、抜群に履きやすく底も強いので2足目もこちらで。

敏感肌用 オールインワン ボディジェル

クリームよりも伸ばしやすく、しっかり潤うので気に入ってリピート中。200g
(無印良品／1,500円)

きれいなノート nanuk(ナヌーク)無地

独特のサイズ感と、スルスルと書きやすい紙の質感がお気に入り。旅のノートなどにしている。(リトルモア／540円)

キッチンスポンジ

知人に教えてもらい、そのへたらなさと落ち着いた色味が気に入ってネットショップでまとめ買いしている。

きなり(石けん百貨／162円)

フェイスマスク ルルルン

スキンケア音痴の私でも毎日使える、ズボラ向きの簡単フェイスシート。ティッシュボックスのように上からシュッと引き出せる。42枚入(グライド・エンタープライズ／1620円)

モンベル スペリオルシルク L.W.タイツWomen's

ズボン下として1年中着用。1本目が擦り切れるほど履いて、2本買い足した。スルリとした肌触りが最高。(mont-bell/6,480円)

再生紙デスクトップミニカレンダー

6年ほど前から毎年無印良品のカレンダーをリピートしている。もはやカレンダーとしてというより、インテリア感覚で。

ハンカチーフ

初めの1枚を使ってみて、乾きやすい麻の風合いにハマってしまい少しずつ買い足しながら愛用(R&D.M.Co-/1,260円)

モミバスミルク

深呼吸したくなる心地よい香りに癒される。只今3本目。(WELEDA/3,024円)

スニーカーインソックス

無印良品のソックスは何度洗濯してもくたびれないタフさが気に入っている。

ドローイングパッド・A6

メモ帳にしては少し贅沢だけれど、バインダー状になっているのでとても書きやすく、これ以外使いたくない!というほどお気に入り。(伊藤バインダリー/864円)

手土産の愉しみ —— Souvenir

乾燥塩トマト

訪問先で頂いてあまりの美味しさに我が家でブームに。口にした人はお菓子のような甘さに皆びっくり!
秩父なかいや農園 80g 1個400円。注文はメールで
nakaiya_farm@yahoo.co.jp

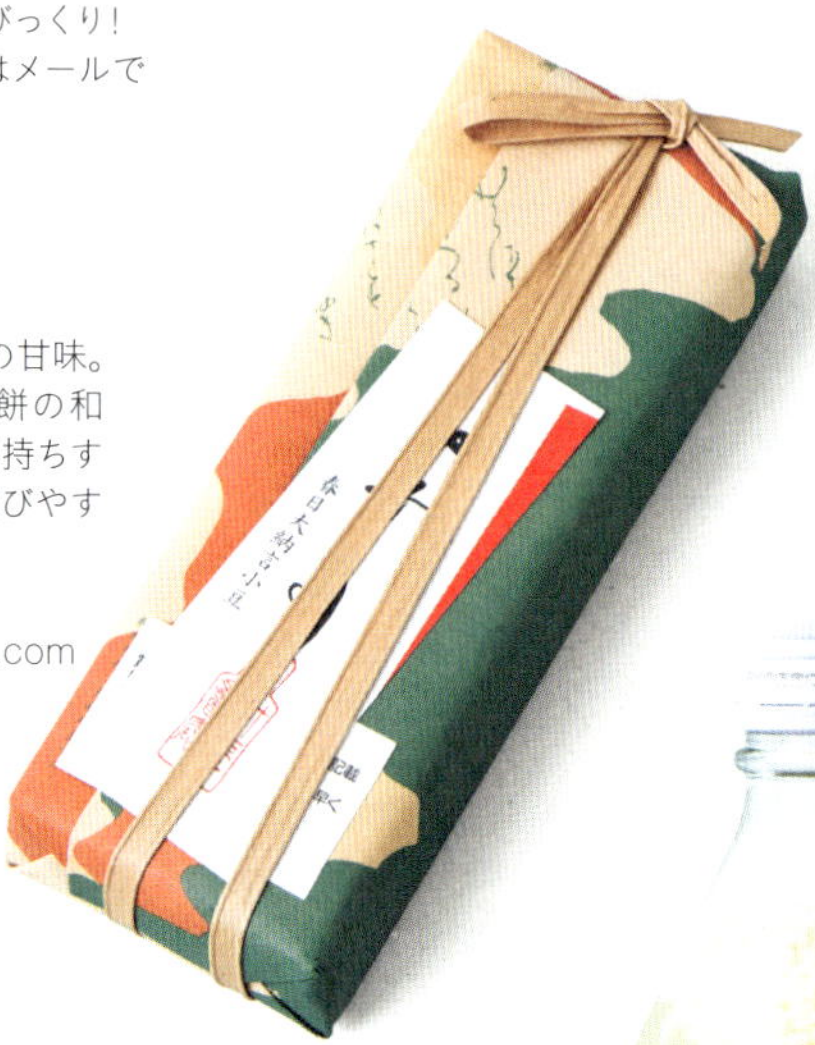

「あも」とは!?

あも

お茶のお供に最高の甘味。つぶあんと羽二重餅の和菓子で、ある程度日持ちするので、手土産に選びやすくよく贈ります。
叶 匠壽庵 1,188円
http://www.kanou.com

モロッカン
ミントティー

こちらも我が家の定番。ハーブティ好きな方へ。パッケージも素敵なので喜ばれます。
far leaves tea 1,260～1,470円
オールドマンズテーラー TEL 0555-22-8040

造り酒屋の甘酒

松本市の酒屋さんで味見させていただき、こちらもハマってしまい定期的にお取り寄せしているので人にもおすそ分け。飲むヨーグルトと1:1で割ると美味しい!
善哉酒造株式会社 500ml 650円
TEL 0263-32-0734 yoikana@po.mcci.or.jp

贈り物の愉しみ ―― Gift

aoベビーギフトセット
（肌着とスタイセット）
ガーゼは優しい肌触りで乾きやすさも◎なので、とくに夏の赤ちゃんへ
http://www.ao-daikanyama.com
6,588円、ギフトBOX別途300円

もくぼたん
他にはない愛らしさが好評。自分も日々愛用しています。
petalwork 1,728円
http://www.petalwork.net/

mont-bellの子ども服
ロゴTシャツの柄が豊富で、どれも絶妙なゆるさがあり可愛い。ベビーからサイズが豊富なので兄弟におそろいでプレゼントすると喜んでもらえます。
モンベルオンラインショップ 1,890円〜
http://webshop.montbell.jp

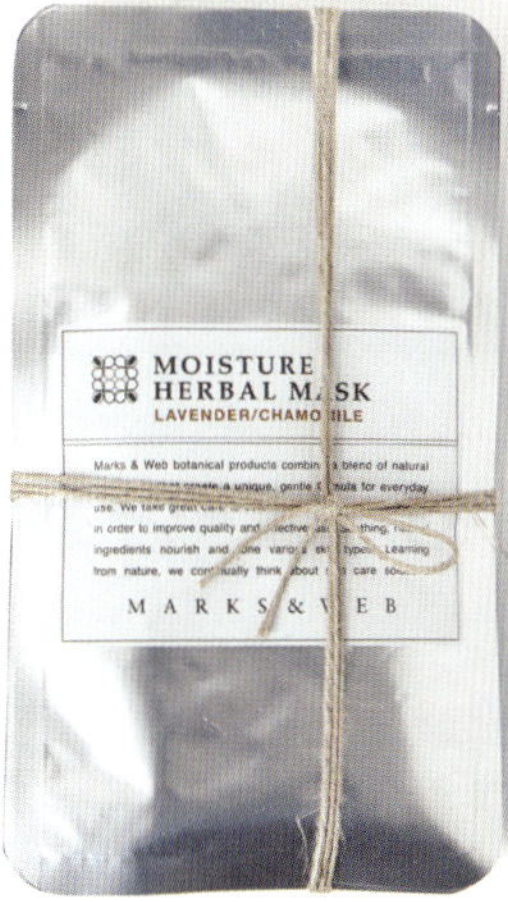

モイスチャーハーバルマスク
（顔用保湿マスク）
自分が頂いてとても嬉しかったので、以来よくプチギフトにチョイス。とても良い香りなので、スキンケアしながら癒しの時間を。
MARKS&WEB 4包セット
1,231円
www.marksandweb.com

ukaネイルオイル
（13:00 イチサンゼロゼロ）
日常的に使いやすいロールオンタイプのネイルオイル。気分転換に首筋に塗るのもおすすめ。
3,240円 uka東京オフィス
TEL 03-5775-7828

おわりに

30代になり、「いつだって身軽でいたい」という気持ちは、ますます増している実感があります。それは、限りある人生なのだから、与えられた「時間」こそを幸せに使いきりたいという想いと比例しているようです。この世で手に入れたモノは、何一つあの世に持ってはいけない。だから私は息を引き取る間際、これまで出会った大切な人と交わした会話や、目にしてきた美しい風景、食べた美味しいもの……そんな「経験」をぐるぐると思い出し、「あぁ、幸せな人生だったなぁ」と終えていきたいのです。

こんな話をすると、周りの人には「本多さん、その年齢でそんな考えを!?」と驚かれます。けれども幸いにも、「うん、わかる！」と同調してもらえる方々と、この書籍の制作はスタートしました。「身軽に生きたい」と言いつつ、一方で私はモノが大好き。マグカップが欲しければ、「これは！」と思う一品に出会うための手間と時間をどれほどでも費やしたいし、その工程をも楽しみたいと思っています。それはつまり、物欲に支配されないモノ選び。昔も今も、おそらく今後もずっと、物欲との上手な付き合い方は人生の課題であり続ける気がします。

「モノが欲しい」という感覚は、おもちゃをねだった子供時代から芽生えます。もらったお小遣いや、自分で稼いだバイト代で欲しいモノを手に入れる快感を覚える学生時代。そしてたくさんの「大変と引き換えにお給料を頂く社会人時代。欲しいモノを手に入れる快感は、大人になるごとに体に染みついていくように感じます。

社会人1〜2年目の頃、「働く」ということの実態をまるで理解していなかった私は、自分の未熟さに打ちのめされていました。この頃の買い物は間違いなく「ストレス発散消費」。会社に着ていく服がないからと、次から次へと買っていた洋服は、今や手元に1枚も残っていません。「何かの時に必要かもしれない」としまっておいたジャケットも、出番がないのでついに昨年手放しました。

この痛い経験は、その後の私のモノの持ち方・手に入れ方に多大なる影響を及ぼしました。「欲しい」気持ちで手に入れたはずのモノなのに、ちょっと時間が経つとどうでもよくなってしまうのは悲しいことです。そのモノにも申し訳ない気持ちになります。

そんな反省の上に今の暮らしがあります。「今」の連続が私の人生。そして人生には必ず終わりがやってきます。であるならば、いつのときも「今」を気持ち良く過ごしたいものです。気持ち良く過ごすためには、持ち物や身の周りの空間、人付き合い、目に見えない時間や情報……すべてが重荷にならないよう、身軽でいることが理想です。

「モノは好き、でも身軽に生きたい。」は今の私のずばりの本音なのです。

Staff Credit

企画・執筆協力　矢島 史
撮影　林ひろし（カバー、本文下記以外すべて）
　　　中島千絵美（p21下右撮影／『リンネル』宝島社より再録）
デザイン　仲島綾乃（文京図案室）
描き文字　本多さおり
編集　小宮久美子（大和書房）

本多さおり　ほんだ・さおり

暮らしを愛する整理収納コンサルタント。「もっと無駄なく、もっとたのしく」、と日々生活改善に余念がない。本多家には選び抜かれた働きモノが、少数精鋭・現役フル稼働中。
小さな頃から「好き」を仕事にしている人に憧れを抱きつつも、長年自分のやりたいことがわからずにいたが、恩師による「好きなことって、探さなくても普段やってしまっていることでしょう？」という一言に納得し、「片付けること」を仕事にしたいと思うように。2010年に整理収納アドバイザー1級、2011年に整理収納コンサルタントの資格を取得し、個人宅向け整理収納サービスをスタート。その人にあった「ラクで長続きする片付け方法」を提案し、訪問件数は200軒を超える（現在は休止中）。2010年にはじめたブログ「片付けたくなる部屋づくり」が大人気となり、同タイトルの著書（ワニブックス刊）は13万部を超えるロングセラーに。著書は他に、『暮らしのつくり方』（宝島社）、『もっと知りたい無印良品の収納』（KADOKAWA）、『家事がしやすい部屋づくり』（マイナビ）などがある。野遊びやキャンプ、美味しい珈琲店めぐり、旅、が好き。
本多さおり official web site…http://hondasaori.com
ブログ「片付けたくなる部屋づくり」…http://chipucafe.exblog.jp/

モノは好《す》き、でも身軽《みがる》に生《い》きたい。

2015年11月3日　第1刷発行
2016年1月25日　第6刷発行

著者　本多《ほんだ》さおり

発行者　佐藤 靖

発行所　大和《だいわ》書房
〒112-0014
東京都文京区関口1-33-4
電話　03-3203-4511

印刷　歩プロセス
製本　ナショナル製本

ISBN978-4-479-78335-0
http://www.daiwashobo.co.jp

＊本書に記載されている情報は2015年10月時点のものです。商品の価格や仕様などについては変更になる場合があります。
＊価格はすべて税込価格です。
＊価格などが表示されていない著者の私物に関しては現在入手できないものもあります。あらかじめご了承ください。

いま欲しいものリスト

Just now!

着回しやすい白のパーカー

色は真っ白に近い、厚手、
フードがしっかりしているもの

締め付けない
シルクのレギンス

寝る時などにパジャマの下に重ねられて
ゆったりしたもの

直径約20cmの
小さいフライパン

今使っているものが1年未満でダメになったので、
次はもう少し質の良いものを使ってみようと考え中

体の温まる入浴剤

寒くなるこれからの時期、温活のために

リビングから緑が見える
中古マンション

今年から家探し中！